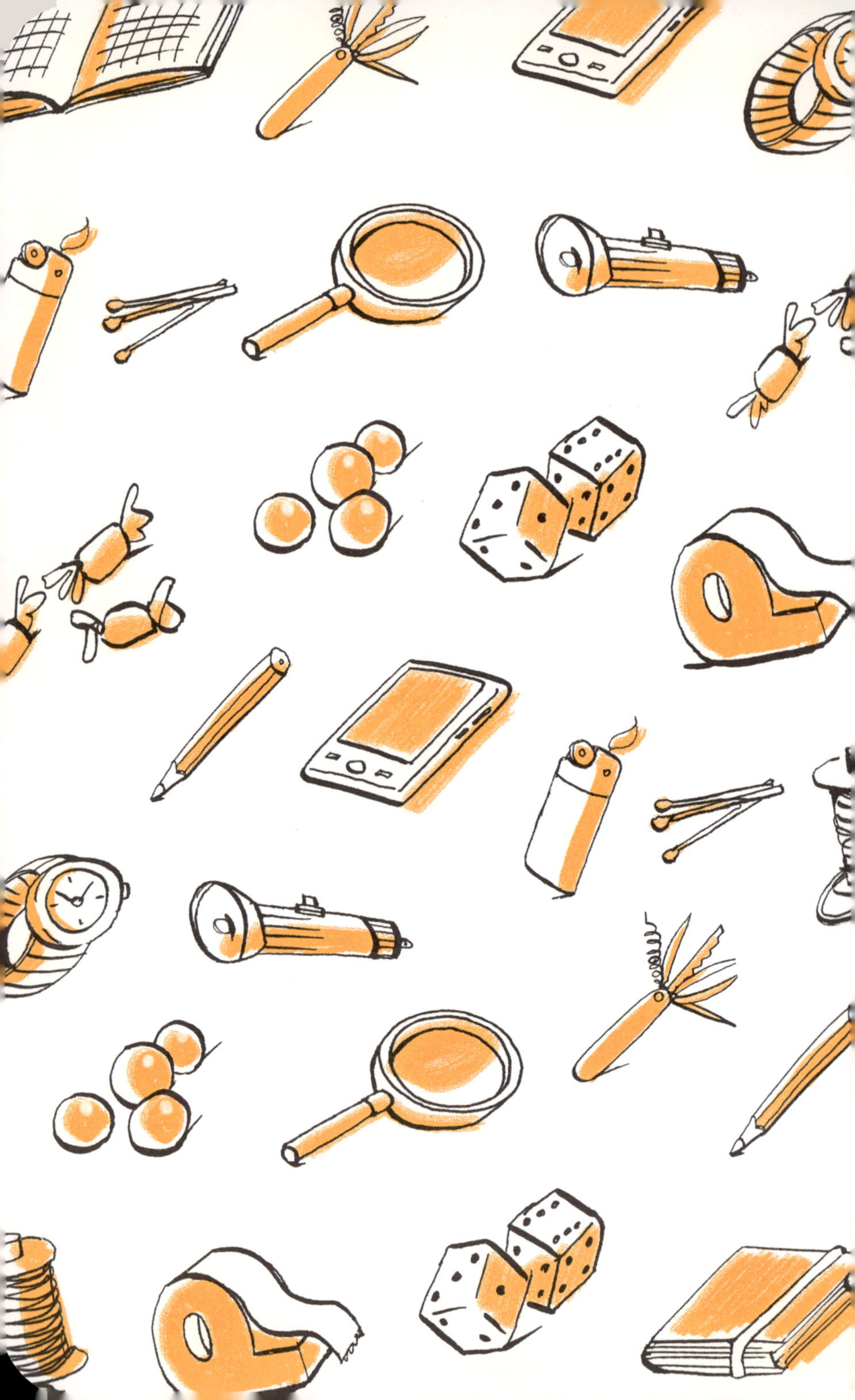

[意] 皮埃尔多米尼格·巴卡拉里奥
托马索·佩尔齐瓦莱 / 著
[意] 安东尼奥·法拉利 / 绘
金佳音 / 译

100个勇敢者游戏

生存冒险

12岁以下要完成的任务

电子工业出版社
Publishing House of Electronics Industry
北京·BEIJING

这本通关秘籍的主人是：＿＿＿＿＿＿＿

艺名：＿＿＿＿＿＿＿＿
小名：＿＿＿＿＿＿＿＿
战名：＿＿＿＿＿＿＿＿
代号：＿＿＿＿＿＿＿＿

本秘籍必须由符合条件的冒险者持有，任何人都必须**严格遵守**这一规定。

例外

只有以下人员可以翻阅此书：

1. ＿＿＿＿＿＿＿＿＿＿
2. ＿＿＿＿＿＿＿＿＿＿
3. ＿＿＿＿＿＿＿＿＿＿

一旦此秘籍流落到了某个超级坏蛋手中，
我坚信以下这些超级英雄能够帮我将它夺回来：

1. _____
2. _____
3. _____

一旦我在城市漫游或在森林探险时遗失此书，
我恳请您通过以下方式联系我：

电话：_____
电子邮件：_____

作为酬谢，我将请您享用最美味的零食，
包括以下这些好吃的：

_____

我于以下日期开始做任务
（年/月/日）

_____

我的年龄是

_____ 岁

我于以下日期完成全部任务
（年/月/日）

_____

秘籍法则

在这本书中,藏着许多宝贝,没有谁能偷走它们,因此,一旦你发现了它们,它们就将永远属于你了。你可能会觉得这些宝贝看上去太不起眼、太平常,甚至根本没有什么用处。弄明白它们的价值绝非易事,但是时间会给你答案。时间一到,你会发现,它们就像阳光下的钻石一般熠熠生辉。

那么这些宝贝到底是什么呢?激动时怦然跳动的心脏,奔跑后气喘吁吁的呼吸,燕子的迁徙或蜗牛爬过的痕迹,一片云朵"挤眼睛"的动作,或一只你想让它滚到哪里它就准能滚到哪里去的易拉罐……

请相信,它们绝对是无价之宝。

寻宝者只需要遵守一项古老的法则:具备玩儿的意愿。

事实上,你手里正捧着的这本书可不是给那些闷葫芦或者讨厌鬼读的。每次翻开这本书时,你都要做好准备度过难忘的一天。你准备好了吗?

以下是秘籍的各项详细规则：

1. 无论你去哪里都要随身携带这本书。每时每刻都是完成任务的绝佳时刻。
2. 一定要严格遵守这些规则。
3. 如果其中有你不喜欢的规则，你可以把它们删掉，然后重新制定。但是一旦你制定了新的规则，就必须严格遵守。
4. 只有在签署了《冒险者协议》后，你才能开始任务。
5. 你可以在这本书的任何一页写、画或者涂鸦，连封面也包括在内。
6. 你有权损坏这本书：你可以在完成任务的过程中把它弄脏、弄湿、撕坏、扯碎、烧毁；你可以在上面贴照片、车票、纸片、羽毛，以及任何你想贴在上面的东西。当你面对挑战时，这本书将始终与你在一起，绝不会临阵退缩。
7. 从现在开始，你必须单腿跳。
8. 第7条规则作废。
9. 你必须尽可能多地完成任务。
10. 对每一个已经完成的任务，你都得打个分数，分值范围为1～10。在这项任务中，你用了多少勇气？学到了多少东西？玩儿得有多开心？……将这些分数加起来，最后你得出的总分数就代表这项任务对你所具有的价值。
11. 如果任务要求一位大人参与，那么你就应该与一位大人共同完成这项任务。否则，成绩无效。
12. 第13条规则缺失，因为这个数字不吉利。
13.
14. 想玩儿得开心，最好的办法就是找至少一个朋友一起玩儿。

冒险者协议

（请分别向至少两名见证人大声读出协议内容，最后再对着镜子中的自己大声读一遍）

本人（姓氏和名字）

_____

将尽自己全部的体能和智能，接受成为一名冒险者所要面临的挑战，因此：

我庄严地发誓，我将尽我的全力完成书中的各项任务。

我庄严地发誓，我将尽情享受其中的乐趣，就算为此弄脏、弄破衣服，或者可能会受伤，但是我绝不会抱怨，因为这都是冒险的一部分。

我庄严地发誓，我将带上所有请求参与的好朋友们一起玩，无论是男孩还是女孩。

我庄严地发誓，我将谨遵《秘籍法则》的各项规定。

以兹证明，
签名与日期

必备物品

冒险可不是闹着玩儿的——作为冒险者应该对这一点非常清楚，因此冒险者应该随身携带一些装备，以备不时之需。其实这些不过是非常便宜的小物件，但是必须非常仔细地甄选。

一位环球冒险家的口袋里绝不能少了下面这些物品：

细绳：用来捆包裹或系烤肉的那种绳子就可以。随身带上一臂或两臂长的绳子（"臂"就是以你的胳膊长度为标准的长度单位）。专业冒险家会使用登山绳（有不同的颜色和粗细可供选择）或者用来捆绑降落伞的降落伞绳，这种绳索最大负重可以达到250千克。如果手头的零花钱完全够用，你可以在大型体育用品商店或者渔猎商店里买到降落伞绳。

铅笔：任何铅笔都可以，硬度适中即可。或者带一支擦不掉的记号笔，不过需要注意，因为往往你需要用它的时候它可能会没水儿。如果需要在柏油马路或者水泥地上画记号，你可以在任务地点附近找一块尖尖的石头（一般任务地点附近都会有这种石头）。

打火机与火柴：火是最有用的东西。你一定要了解火、尊重火，这样它也会尊重你。不过只在为了防止绳子脱线而烧绳子末端时才需要用到火。如果不愿意用打火机，也可以准备一盒火柴，在任何一家小卖店都能买到。

瑞士军刀：原始人学会用火以后，又发明了切割东西的工具。他们打磨出箭头，还将石头打磨成各种工具。不过如今想切东西就没必要费这么大劲了，只需要买一把带开瓶器（用来开饮料瓶）、小螺丝刀，以及其他小工具的多用小刀就行了，这么多的小工具全可以轻松地揣进兜里。

在超市或者五金商店里就能找到瑞士军刀，最简单的款式售价还不到10欧元（约合人民币80元左右）。

放大镜：这是大侦探福尔摩斯的必备物品，每个人都应该有一个。放大镜除了能把事物放大，还能在紧急情况下帮忙点火（但并不像人们说的那么容易）。在文具店就能买到放大镜，不过买之前要先确定家里是不是已经有了。

糖果：想在执行艰苦任务时保持体力，补充糖分十分重要。你一定要探查到大人们一般会把糖果藏在哪里，因为在很多情况下都需要吃糖果。

胶带：什么样的胶带都行，不过在学校里用的那种透明胶有点儿薄，而且不太结实。最好使用电工胶带，它既能防火，还稍有弹性。胶布带也不错。你可以在铅笔上缠些胶带，这样就不用把一整卷胶带鼓鼓囊囊地塞进包里了。

手电筒：这是在黑暗中或昏暗处照亮用的。使用之前别忘了检查电池的电量！

手表：尽量选择一块能自动充电或者使用太阳能的手表，最好还能防撞击。

手机：冒险家们都不喜欢手机，因为他们可不想时时暴露行踪。不过手机确实很有用，尤其是能利用应用软件的"狡猾机"。所以如果决定使用手机，那么只要安装了这些应用，别人也就没什么好说的了。

树叶快照：能够通过树叶帮你辨别树木。
星空地图：帮助你辨识星星。
藏宝地图：帮助你寻找周围的宝藏。
生存工具箱：会教给你很多东西，比如辨识动物的特征。

以下物品不是必需的,但是有时候也用得上:

当然,你应该随身携带的最重要的东西,非此书莫属。

骰子: 需要随机做决策时会用到。

弹球: 这些东西在哪儿都能玩儿,只要地方够大就行。而且这是一个古老的游戏,冒险者们都特别喜欢复古的东西。

小本子: 当你出门在外,脑子里突然想到什么的时候,可以记在本子里。

50项任务

任务 01

给至少7种不同的动物喂食

一般情况下，动物们对食物通常都是来者不拒的，只要好吃就行。不过，这项任务的难度并不在于给动物们喂食，而在于如何找到这些动物。如果你找到的是野生动物……可小心别被咬啊！

狗狗和猫咪随处可见，但是你知道哪里能找得到兔子吗？又在哪里能找到马儿呢？

好吧，如果你想来一个与你势均力敌的挑战，就试试找头豪猪、找只狐狸、找只獾、找只狍子……野生动物一般不会信任人类，想博取它们的信任需要花费一定的精力。不过一旦做到了，你会获得极大的成就感。面对不怎么与人类打交道的动物，你可得小心点儿。

的确,如果不习惯从人类那里获取食物,一只饥饿的野生动物很有可能在你向它喂食时连你的手也一起咬住。

如果你身处森林,一定要注意保护自己,仔细观察,识别那些小动物的意图,一定要盯着它们的眼睛——如果它们看起来很警惕并不断向后退,就千万不要继续接近它了,把食物投在地面上就好。一开始可以扔到离它比较近的地上,等它放松下来,再慢慢地缩短食物与你的距离。

食物的选择十分重要。你无法喂狗狗吃草,就像无法喂山羊吃肉一样。它们会觉得你是它们见过的最愚蠢的动物。所以,你要学着辨别食肉动物和食草动物。食肉动物可不仅仅是大狮子、大老虎之类的猛兽,狐狸、猫头鹰和獾也是食肉动物。兔子只吃植物。而小老鼠则跟人一样,是杂食动物。

把我们觉得好吃的东西喂给动物是很危险的,因为这些食物对它们来说可能是有毒的。比如,你绝不应该把面包、面条或甜食喂给家养的宠物;巧克力、葡萄和葡萄干对于狗狗和猫咪来说都是非常危险的食物;牛奶对刺猬来说是有毒的。

在给动物喂食之前,一定要确定它们能吃这种食物。

(注:不要靠近野生动物,以免被咬伤。

✓ 任务完成！

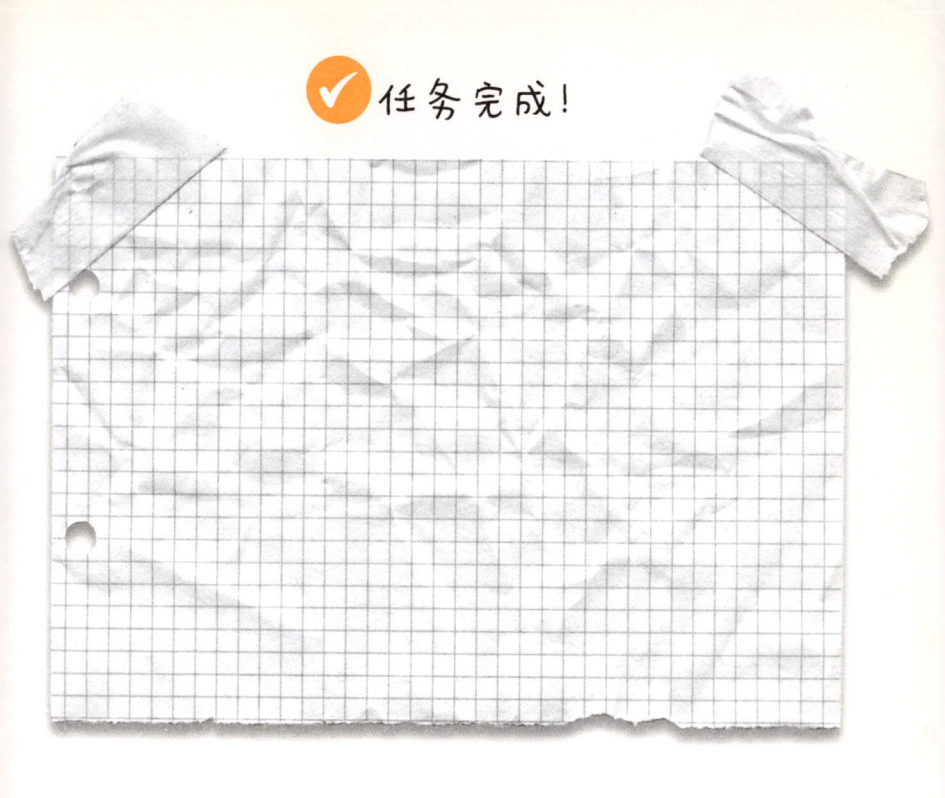

（注：被动物咬伤以后应尽快就医。）

🏆 任务价值
（从1~10选择一个数字打分）

勇气：............
好奇心：..........
细心：............
创造力：..........
开心程度：........

你会记住什么？

喂养动物带来的内心的温暖、与动物的眼神交流、摩挲动物的感觉，以及动物熟悉你了之后对你的舔舐、气味、新的友谊。

任务 02

踩着滑板出行

　　风摩挲着脸颊,疾驰使头发狂舞,街道从脚底下滑过。

　　当你稳稳地骑自行车的时候,请试着体会一下上述这些感受。

　　不过,当你自己作为自行车车本身,只能通过肌肉和姿态来控制平衡的时候,又会有什么样的体验呢?当轮子不再只在你身前和身后滚动,而是紧贴着你的脚底滚动时,会是什么感觉呢?再试着体会一下,前面提到的感受是否变得更强烈了?你是更害怕了还是更自如了?

　　马车、自行车、汽车等,都是用轮子来运载乘客和物品的。此外,轮子还可以让你不插翅膀也能体会到飞一般的感觉,让你飞速驰骋于城市的大街小巷。

你可以尝试轮滑或者滑板。

不管你选择哪种方式,一定要做好摔大屁股墩儿、磕破膝盖、蹭破衣服的准备。谁都有可能会摔跤,因为摔跤也是这种运动的一部分。不过别害怕——你可以戴上头盔、护膝和护腕,然后就可以畅快地玩啦。不受伤哪能打胜仗呢?

一些专门为轮滑和滑板运动设置的封闭场地拥有超平滑的地面,这样就算是下雨天,也可以尽情地滑行。对于初学者来说,这样的室内场地就更加理想了,因为那里既能租到轮滑鞋,还可以参加零基础的轮滑课程。

等你滑得足够好、动作足够潇洒的时候,就会想表现自己,在水泥地面上以更高超的技巧滑行。在一些城市中,有专门的滑板公园,那里有为展示滑板技巧专门设置的障碍设施。小轮车(一种越野自行车)的骑行爱好者也可以在那里玩。不过在那里当然还是玩滑板更自由。在所有障碍设施中,最常见的要数管道和U形管,滑板运动者可以在一个碗状的曲面上来回滑动,还可以加入跳跃的动作。要是你喜欢,那么就自由地去滑吧!

✓ 任务完成!

在这里粘贴一枚在完成这一伟大事业的过程中用过的创可贴吧,这是你在"战争"中光荣"负伤"的功勋章。

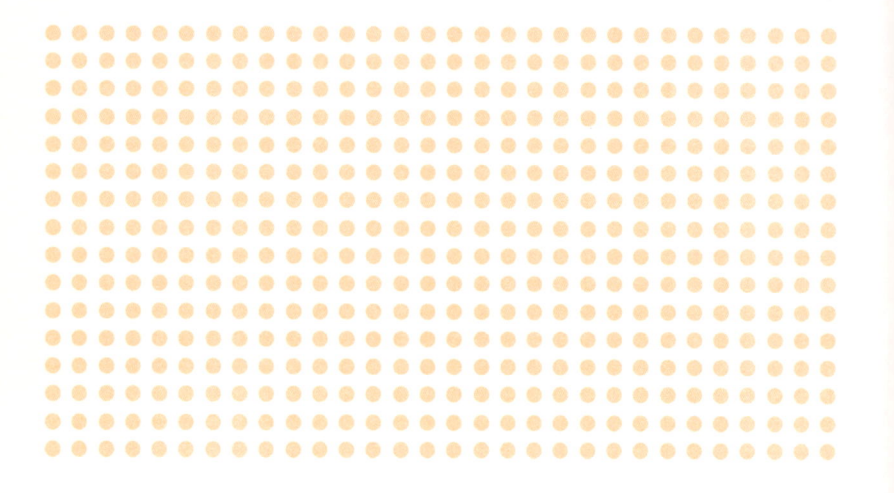

任务价值
(从1~10选择一个数字打分)

勇气:............
好奇心:............
细心:............
创造力:............
开心程度:............

你会记住什么?

速度、肾上腺素、飞越障碍时激动的心跳、每次落地时与地面的撞击,以及幸福快乐的感觉,因为落地后你还可以再次起跳。

任务 03

在草地上踢足球

很多人都喜欢踢足球,那么这项运动究竟具有怎样的魅力呢?到底是因为人们可以肆意奔跑、尽情挥洒,无论男女,无论室内外随时随地都能玩儿?还是因为规则简单、友爱协作,比赛结束时人们更在意其中的乐趣和汗水而非输赢?

也许,是所有这一切及许多其他因素综合作用的结果吧。足球并不是一项很难开展的运动,人们只需要有一个球(事实上什么材料做成的足球都能玩,不管是用皮革做的,还是用一捆旧袜子做的)就可以开踢——当然,还得有脚。

下面简单说说怎么踢足球:将球踢进对方守门员身后的球门

即可。在球场上，只有守门员可以用手拿球，不过仅限于在球门附近。瞄准了，射门！你可以用除了胳膊和手以外的任何身体部位击球。谁进的球多谁就赢。

想要进行一场真正的足球比赛，不能光靠一个人运球。你得多约几个朋友（至少两个，人越多玩起来越有意思），找一块空旷的场地。什么样的地方都可以，可以是院子，也可以是公园。地上的小草可以让你在跌倒的时候不那么疼，但并非一定要在草地上踢。

建造一个球门

不给场地划边界也没关系，不过没有球门可不行。要是实在没有球门，可以在地上放两个书包，或者两件卷起来的衣服。不过，搭建球门的最佳选择，是两根可以戳在地上的木棍。如果想让球门更标准一些，还需要一根横梁。这可不太容易——如果只是简单地把一根木棍横架在木棍上，那么只要轻轻地一碰它就会掉在地上。这就需要下点儿功夫了。

首先，要设计好尺寸。标准的球门宽度是7.32米、高度是2.44米，不过这两个尺寸都是针对大人设定的，而且是那种身高两米、肩膀非常宽的大人。所以小朋友们可以以五步为球门的宽度，以从地面踮脚站着向上伸手至手指尖的位置为球门的高度。

现在你需要找到5根木棍——两根稍短一些，一端有呈"Y"字形的分叉；一根稍长一些，架在那两根短的上面。用麻绳把横杆与竖杆拴在一起，这时，比赛开始的哨声就可以响起来了！

✅ **任务完成!**

在这里写下球员的名字(把两个队的队员分开写)及最终比分。

任务价值
（从1~10选择一个数字打分）

勇气：．．．．．．．．．．．．
好奇心：．．．．．．．．．．．．
细心：．．．．．．．．．．．．
创造力：．．．．．．．．．．．．
开心程度：．．．．．．．．．

你会记住什么？

汗水、酸痛的肌肉、迫切希望成功射门的心情；作为团队一员的集体荣誉感，以及队友间彼此鼓励的拍肩动作；输掉比赛后想要重新赢得比赛的愿望、历尽千辛万苦赢得的比赛，以及观众席上为你响起的欢呼声。

任务 04

学会打5种绳结

给绳子打结，可以紧紧地拴住某物。利用绳子可以拉着东西跑，拽着东西不让它掉下去或倒下去，绑着东西让它们不散得乱七八糟，把两个东西连接起来使其成为一体，把东西捆成一卷儿，把东西围成一圈、把东西分隔开来。没有了绳子，船只便无法航海，木桥也会倒塌，网则根本不会存在，而囚犯们会迅速逃出监狱！

制作和使用绳子是一门古老的艺术。早在原始时代，人们就会将一件东西与另一件东西绑在一起，他们已经意识到，这是他们求得生存的一项技能，跟猎食、睡觉，以及自卫一样重要。因此，学会使用绳子，意味着他们可以在很多猝不及防的时刻单枪匹马地应对突发状况。

给绳子打结有成千上万种方法，在不同的情形下，会用到不同的绳结。我们在最简易、最常用的绳结中选出了5种，这5种绳结非常有用。要完成这项任务，这5种绳结要全部学会。

I **简易绳结（半结）**：用处多多。在用针缝纫时，这种结能确保线不会从针眼中脱落。登山的时候也会用到这种绳结，每隔半米打一个结，可以在绳子上弄出很多"把手"。

II **萨沃亚绳结（八字结）**：这是所有简易绳结中最好打的一种。

III **拴杆绳结（双套结）**：这种绳结用来将绳子绑在竿子上。它的好处在于当绳子不那么紧绷时，很容易就能解开。把旗帜绑在旗杆上时也会用到这种绳结。

IV **单套结（成人结）**：在绳子的一端打结时会用到这种绳结。用这种结能绑住任何东西，所以救人的时候通常都使用这种绳结。

V **简易活结**：活结能在有人拉紧绳子的时候拴住东西，也可以把它穿过打了单套结的绳子。

找来一截麻绳或者细尼龙绳，尝试用绳子打出和解开上述绳结，直到闭着眼睛也能熟练地打出和解开这些绳结。

✓ 任务完成！

剪下一截你用过的绳子，用透明胶带把它粘在这里。

任务价值
（从1~10选择一个数字打分）

勇气：..............
好奇心：............
细心：..............
创造力：............
开心程度：..........

你会记住什么？

打出复杂绳结的专注力和成就感；打绳结过程中划坏的手指头；绳子粗糙的表面在手指尖的摩擦感。

任务 05

放飞一只风筝

一直以来,飞翔都是人类的梦想——一飞冲天的刺激、眩晕感,飞行时的平衡性……

几千年来,人们不断仰望苍穹,欣赏着(也嫉妒着)鸟儿们纤长轻盈的羽毛和起飞时优雅的姿态。它们将世界甩在身后,去追寻更高的目标,在那里,它们乘着风飞得更远了。人类文明的发展中,也记载了我们想要飞翔的愿望。在怀特兄弟发明飞机(1905年)前,飞翔都仅仅是人类的梦想。

不过,很早以前,一种又好玩又安全的东西就已经能带给人类飞翔的感觉了,人们两脚站在大地上就能玩儿,那就是风筝!

最常见的风筝是菱形的，这也是最容易自己制作的风筝。不过风筝的样式还有很多种，其中有一些也很便宜。你可以根据自己的兴趣选择一种，然后找一个合适的地点放飞。一定要记住：最重要的是要有风。

你可以尝试在沙滩上放风筝，或者在山坡上，或者跑到一个小山丘上，也可以在某个风景好的地方。

要让一只风筝飞起来，一定要拽紧缠在线轴上的风筝线，然后开始跑，把风筝拖在身后，一直到它从地面上飞起来为止。

✓ 任务完成！

任务价值
（从1~10选择一个数字打分）

勇气：..............
好奇心：............
细心：..............
创造力：............
开心程度：..........

你会记住什么？

呼啸而过的风；纠缠的电线；幻想着自己趴在风筝上，像鸟儿一样自由地飞翔在高空中的感觉。

任务 06

认出10种云朵的形状

猜云朵的形状是一种极具魔力的视觉游戏，而且它反映了我们每个人的性格和梦想。

云的形成是一种有趣又迷人的自然现象。云朵的形状变化多端，就像风儿捏出的黏土造型，不过它捏的究竟是什么呢？就等着你来猜啦。

要完成这项任务，你得在户外（建议找一块草地，因为柔软的小草能帮助你集中注意力）仰面躺下来。在你上方的高空中，云朵们都变成了什么呢？那是一艘火箭吗？还是一条长着胡子的鱼？又或者是多纳托叔叔的脸？

认出至少10种形状，想象力越大越好。

✓ **任务完成!**

请在下面画出你遇到的最奇怪的
图形（至少3个）：

任务价值
（从1~10选择一个数字打分）

勇气：............

好奇心：...........

细心：............

创造力：...........

开心程度：.........

你会记住什么？

天空无边无际，草儿轻抚脖颈痒痒的感觉，以及阳光晒过的脸颊散发出好闻的味道；长时间盯着天空看后失去方向的迷失感，以及重新回到地面上的疲惫感。

任务 07

组织一次寻宝游戏

在这个世界上,有一件事情跟玩寻宝游戏一样有趣,那就是组织一次寻宝游戏。要编出一则谜题或者谜语,的确需要有天才般的头脑——至少得跟解谜者一样聪明。

在寻宝游戏中,要设置一系列线索,提示人们怎样去寻找事先藏起来的好东西(也就是宝藏)。这些提示不能太清楚,也不能太明显,要有些难度,这样才能算是挑战,但是一定得是能被寻宝者理解的。

寻宝游戏的场景选择虽然很重要——一座中世纪古堡自然要比超市停车场好得多,但是想象力也可以帮你把一个普普通通的地点变得很特别。关键是,你必须对这个地方非常熟悉，因为你得尽力利用这里的地形特点把朋友们绕蒙。

一般来说，寻宝的线索提示应该写在纸上。比如，写成谜语或者短诗就是很不错的形式。

下面举两个例子。

"下面这个线索，在用手指就可以航行于所有海洋中的地方。"——也就是说，这个线索在地图册中或者是在地图（挂在墙上的或者任何能看到的地方出现的地图）上能够找到。

"这附近唯一没有房门的人家。"——也就是大树的树洞，那里是松鼠的家。

游戏开始

准备好5张纸和5个信封，分别用数字1~5标号。然后要在藏宝的地点附近好好侦察一番地形。这个地方应该比较容易到达，而且由于一些原因，应该看上去平淡无奇。床底下怎么样？好，那就床底下吧。那里也是"黑色人影的藏身之处"。把这条线索写在5号信封里的纸上，尽量写得模糊一些、神秘一些。这时，你得找个地方隐藏这条线索。藏线索的地点不能离得太近——得让寻宝的人有点"踏破铁鞋无觅处"的感觉。

藏好了这条线索以后，就该在4号信封里的纸上写下找这条线索的提示了，以此类推，一直到1号信封。首先寻宝者拿到手里的就是1号信封。寻宝者得逐个解开这些信封中的谜题，最后才能找到宝藏。

在游戏开始前，策划工作做得越用心，最后游戏就会越好玩儿。

奖品

奖品其实并不是最重要的，寻宝游戏的关键在于——寻找！

总之，要是你不能提供给寻宝者们一个比较特殊的"宝藏"作为奖品，那么这一番折腾过后，出现在你面前的将只有一帮疲惫而又失望的朋友。

关于奖品，你需要一些建议吗？你可以奖励他们多人一起玩的桌面游戏，也可以是电子游戏或者是一本书。而且，一定要记得为获胜者准备一张专门写给他/她的获奖证书，证明他/她取得了寻宝游戏的胜利，让他/她可以保存一辈子。这才是最珍贵的宝藏呀！

✓ 任务完成！

把让你的朋友动了一番脑筋的寻宝线索（折叠好）粘贴在下面。

任务价值
（从1~10选择一个数字打分）

勇气：............
好奇心：..........
细心：............
创造力：..........
开心程度：........

你会记住什么？

绞尽脑汁编写最有趣的谜题，再看着朋友们绞尽脑汁去解谜的美好时光；迫切地想给人提示的愿望，对寻宝者睁一只眼闭一只眼。

任务 08

吹出一个巨型肥皂泡

猜猜是什么东西：它既存在，又不存在；它的身体没有重量，却长得有模有样；它本身透明无色，但看上去却五彩缤纷；它非常脆弱，但是正因为脆弱，它才能飘得很远。

你一定想到了，它就是肥皂泡。肥皂泡就像是魔术变出来的一样。不过，要是吹小泡泡并不难的话……那，就试试吹些大泡泡吧。这可是一项难度不小的挑战！

要完成这项任务，你得吹出很大、很大甚至巨大的泡泡。

如果泡泡足够大，也许能把你装在里面。

下面就是吹出巨型泡泡的秘

密配方：

- 一杯洗洁精。
- 半杯水。
- 1/3杯甘油溶液（你可以在药店买到）。
- 两勺糖粉。

在一个桶里把这些溶液搅拌均匀。搅拌的动作要慢，这样才不会弄出太多气泡。

然后用一只盖子盖在桶上，就这样静置1~2天。

同时，还需要专门为了吹巨型泡泡准备一个巨大的环状器具。你可以自己动手，用干洗店里挂衣服用的铁丝衣架做成一个大圆环。

将铁丝圆环浸入溶液中，拿出后慢慢地贴近你的面部，然后用力吹！如果你觉得吹气不足以做出巨型泡泡，也可以轻轻地将铁环从左边移动到右边——泡泡会被流动的空气填充，慢慢地形成一个大泡泡。

✓ 任务完成！

在这里（轻轻地）滴下一滴你自制的肥皂泡泡液，然后等着它彻底干掉再合上书。

任务价值
（从1~10选择一个数字打分）

勇气：．．．．．．．．．．．．

好奇心：．．．．．．．．．．．．

细心：．．．．．．．．．．．．

创造力：．．．．．．．．．．．．

开心程度：．．．．．．．．．．．．

你会记住什么？

肥皂泡的香味让你觉得好像连嘴里都尝到了一样；小心翼翼的动作、惊喜的心情、缤纷的色彩、一大堆随风四处飘飞的泡泡、泡泡碰到鼻尖破裂的一瞬间；还有爸爸的疑问——用来挂衬衫的衣架跑到哪儿去了？

爬上一棵树

有的人爬树是为了摘果子，有的人爬树是为了在高处欣赏美景，但是实际上，爬树是不需要任何借口的。爬树的唯一理由就是想爬树。

要说爬树的技巧，大概只能从经验中学习了——你得亲自去尝试。首先你要用双手抓牢树干，脸贴着树皮和上面溢出来的树脂，即使膝盖被蹭破了皮，或从树上摔下来，也会再重来。你得一边吓得发抖，一边试着估量树杈能不能禁得住你，你会不会一脚踩空摔下来，你得学会判断什么时候可以继续向上爬，什么时候最好停下来。

向上攀的时候，你要为自己设置3个停靠点。而当你伸出一只手去够更高处的树枝时，另一只手一定要抓牢，双脚也要站得很稳才行。

任何时候都不能跳。

不要穿着拖鞋或底子很滑的鞋去爬树——可以穿徒步鞋,但是……好吧,最好什么鞋都不穿,光着脚爬树!

爬到了树顶,就在上面待久一点。在树叶间藏好了,偷偷看别人走来走去,偷偷听别人说话。

这里可以是你的秘密基地,只有你知、我知。

✅ **任务完成!**

小心地摘下你爬上树后能够到的最高的树杈上的一片树叶,然后用透明胶带把它粘在下面。

任务价值
（从1~10选择一个数字打分）

勇气：..............
好奇心：............
细心：..............
创造力：............
开心程度：..........

你会记住什么？

在一片新天地里看到焕然一新的世界；紧抓着粗糙树皮时扎得手生疼的感觉、脚下踩着树枝发出的嘎吱嘎吱的响声、在你头顶搔痒或者弯下腰偷偷溜到你脚底下的叶子；在高处的愉悦感、恐惧感——"凌绝顶"一般的美妙体验。

任务 10

【需要大人在场】

建一座树屋

一旦完成了任务09，你就应该好好观察一下你爬上的这棵树：它长得够不够结实？它是不是一棵橡树，长着粗壮且蜿蜒的枝杈，树冠像一把向上打开的大伞？如果是的话，那么你就已经为建造一座树屋找到了绝佳地点。

不过，要建造树屋，光找到几根木板条和一把钉子可不够，还需要一个知道怎么使用它们的人。如果你父母（或者某个熟人）的车库里有合适的工具，那就请他们来帮忙吧。共同修建一座树屋，将会成为令你们永远难忘的记忆，即使最后你们建好的树屋并不完美。

你可以像任务04中介绍的那

样，弄一条攀登绳，这样可以很方便地爬到树上去。而且，这也是学习使用工具的好机会。

现在你建好了自己的小屋啦，你会怎么利用它呢？你可以在这里听着风拂过树叶的沙沙声酣然入睡，也可以在这个阴凉的阅读圣地好好地读一本书。或者，你也可以在这儿结识不少新邻居。找来一架双筒望远镜，好好观察一下那些长着羽毛、歌声悠扬的小伙伴及它们的巢。或者你来试着继续说下去吧！

✅ 任务完成！

任务价值
（从1~10选择一个数字打分）

勇气：............
好奇心：............
细心：............
创造力：............
开心程度：............

你会记住什么？

恐高导致的浑身颤抖；有一个完全属于你的小窝的快乐；再也不想回到地面上的愿望。

任务 11

在"危险"的地方睡一觉

你怕黑吗？怕虫子吗？怕水吗？

把你的恐惧收拾一下，装进抽屉锁起来，然后扔掉钥匙——要完成这项任务，你必须能在一个让你怕得发抖的地方睡一觉。

不过你不必非得一个人完成——可以让朋友或家长陪着你。一定要选择一个特别的、"危险"的地方。

比如，你有没有在户外搭过帐篷或者在睡袋里睡过觉？

如果你还没有过这样的经历，那么你可以先在客厅里试一试。然后再到露台上，或者在花园里试一试。最后，去树林里睡一觉。当你沉浸在夜的黑暗中时，一开始你可能会觉得自己被恐惧笼罩着，但是一旦你开始放松下来，就会听到大地的声音围绕着你。微风拂过树木，树叶飒飒作响。如果是夏季，蝉鸣和蛐蛐的歌声会不绝于耳。如果你离街道不远，那么你还能听到电线杆间的电线发出嗡嗡的响声。在户外睡觉，你会发现自己的感觉焕然一新——就好像突然长出了一千只耳朵和一千个鼻子，而且全都十分敏锐。

漫漫长夜……

当你在一个离家很远、人很少，又漆黑一片的地方，跟一群勇敢的朋友一起，会怎么度过夜晚呢？答案很简单：讲恐怖故事呀！

你可以从很多关于鬼怪、狼人、女巫的故事书中汲取灵感，或者也可以自己编一个。原则只有一个：故事一定得连你自己都觉得害怕！

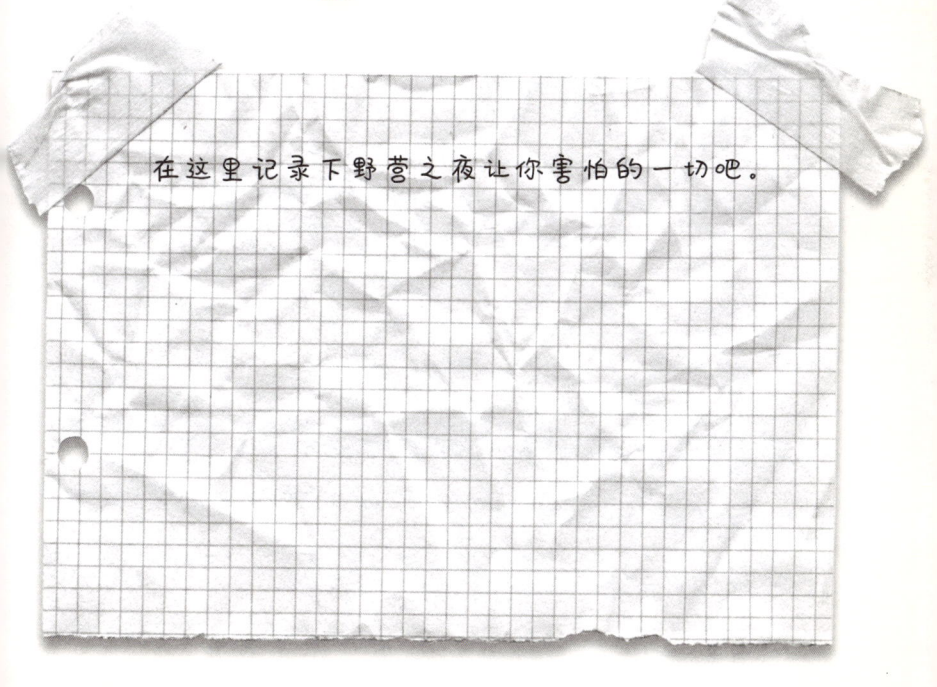

✓ **任务完成！**

在这里记录下野营之夜让你害怕的一切吧。

……一定是一切哦！

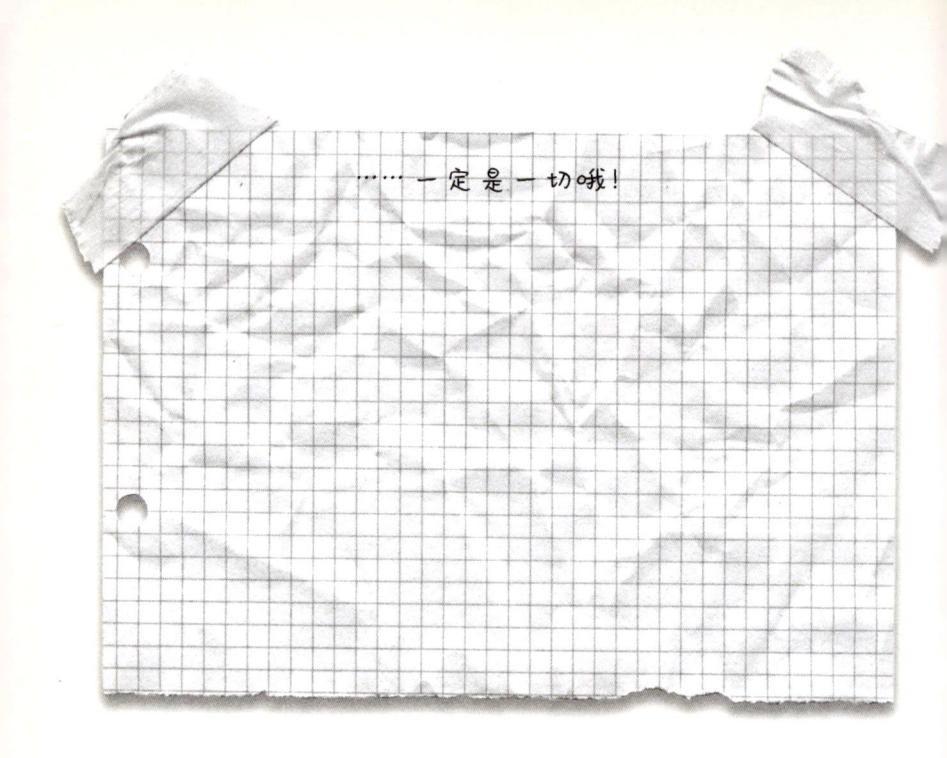

任务价值

（从1～10选择一个数字打分）

勇气：...........
好奇心：...........
细心：...........
创造力：...........
开心程度：.........

你会记住什么？

作为保守一个大秘密的一分子的感觉、背部的酸痛感、夜晚神秘的声音、浅浅的睡眠，以及黑暗中朋友们明亮的眼睛。

任务 12

观察星空

如果你为了完成任务11来到了户外,那么说不定现在你正躺在撒哈拉沙漠的沙丘上,或者在热带岛屿绑在两棵棕榈树之间的吊床上荡悠悠,或者躺在你家的露台上。无论是上述哪种情况,都请睁开眼睛看看夜空,你看到了什么?

如果夜空晴而无云,那么你就能看到苍穹上散落着的点点星光。

星星自古以来便在那里,在人类出现之前,甚至在地球出现以前。无论身处什么时代,只要夜晚抬头仰望天空,总能找到数不胜数、漫无边际的闪亮繁星,它们遥远缥缈、近乎虚幻,却又像朋友一般忠实地陪伴在我们身边。它们总是那个样子，似乎永远都不会变。所以，对航海家来说，星辰是非常可靠的伙伴，以至于直到今天，航海家们仍然靠它们来指引方向。其中最好的朋友就是北极星，它告诉人们北方在哪边。你也来试着找找北极星吧。你可以用个小技巧：找到北斗七星（在大熊星座）。"大熊星座"是一个星座，"星座"就是聚集在一起组成一个图案的星星的统称。找星座有点儿像玩"连线"游戏，将星座内的星星连成图案后，"大熊星座"的尾部看上去真的很像一只巨大的勺子。

找到北斗七星后，根据星座的轮廓，勺子边缘的两颗星，它们分别是北斗二（天璇）和北斗一（天枢）。现在，想象用一条直线将这两颗星星连接起来，并一直延伸，北极星就在那条延长线上，距离大概是两颗星星之间距离的4倍。

在你头顶的天空中，有88个星座，每一个星座都占据着一方天空。如果可能的话，找一本天文学小册子来看（在家里、学校或图书馆找一找），或者上网查找相关资料，然后学着辨认至少5个星座。

天鹅座

猎户座

天蝎座

✓ 任务完成!

你从那些闪烁的星光中找到有意思的形状了吗?一头河马、一把雨伞或者一只风筝?在下面画出你的"专属星座"吧,别忘了把你为它们取的名字也写下来。

任务价值
(从1~10选择一个数字打分)

勇气:............
好奇心:............
细心:............
创造力:............
开心程度:...........

你会记住什么?

自己特别渺小的感觉、对星空的沉醉,以及长时间仰望漆黑夜幕中的星座后的头晕目眩。

任务 13

打造一根真正的徒步手杖

有时候,要走路,光靠双腿是不够的。上很陡的陡坡,腿又累又酸;走很远的路,让人体能告急;土地、岩石或泥泞的沼泽,使人筋疲力尽……在这些情况下,你都非常需要一位忠实的旅伴——一根真正的徒步手杖。

它不仅能帮你走路,还可以用来制作担架、跳过水沟、探测河水的深度,或者,四周漆黑一片的时候,你还可以将它做成火把,来防止与小伙伴们走散。

要制作一根手杖,最理想的木料莫过于山茱萸、白蜡树、枫树、栎树、槐树、毒豆、接骨木及榆树。不过,要做手杖,其实不必真的去砍树或锯下树木的枝干——这不仅仅关系到是不是爱护植物的问题——新鲜、柔软的木头其实并不适合做手杖。你可以去树林中，找一根已经掉落的枝干，最好是比较直且长度跟你的身高比较合适的，而且拿着要舒服。所以，只有你才能决定哪根棍子可以用来做你的手杖，能让你拿起来刚好合适。注意，不要挑太粗的，直径在2厘米左右就再好不过了。

拿一把小刀，把木棍的一头削尖，不过还要保证结实，能耐得住崎岖不平的路面。

然后，从手柄的这一端开始，把整根木棍的皮削掉，这样手杖的表面就不会那么粗糙了。用小刀的刀片刮掉整根木棍的表皮，遇到疙疙瘩瘩的部分就先跳过不管。

最后，用格尺量着在手杖上刻出刻度，这样你离家在外（手边没有尺子）时，就可以用手杖充当尺子来测量目标物的长度了。最后，你可以在手杖上刻下你的名字及制作手杖的日期。

然后你就可以开始一次充满冒险与刺激的远足啦！

✓ 任务完成！

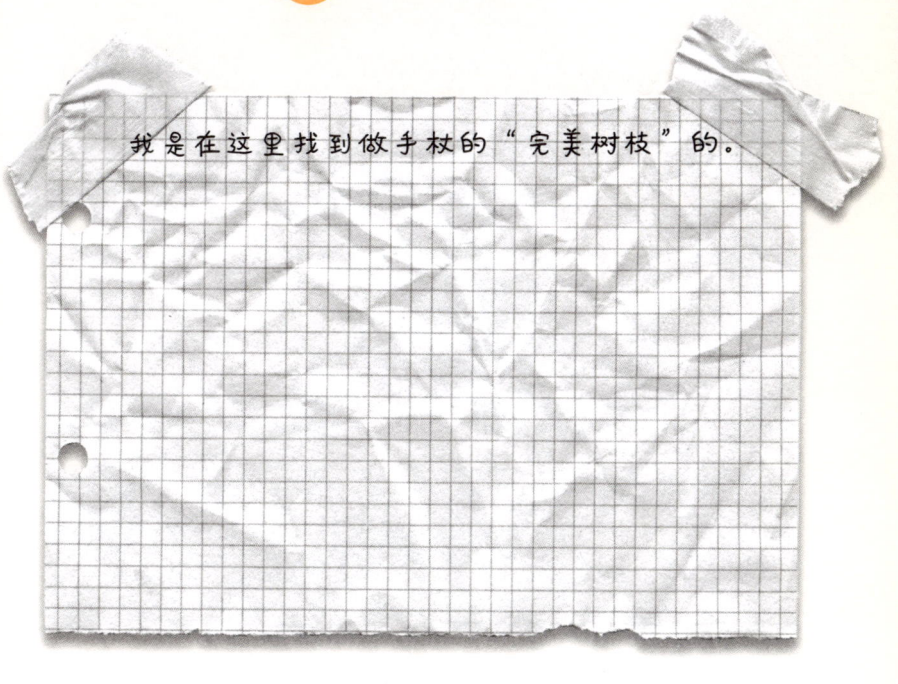

> 我是在这里找到做手杖的"完美树枝"的。

任务价值
（从1~10选择一个数字打分）

勇气：..............
好奇心：............
细心：..............
创造力：............
开心程度：..........

你会记住什么？

在寂静、古老的郁郁葱葱的大树下面隐藏着的不可思议的秘密；不同种类的树木之间的区别；打造完一根手杖后隐隐作痛的手指；手杖扎在泥土中的样子。

任务 14

【需要大人在场】

在伸手不见五指的黑夜中行走

一天包括白天和黑夜：白天，在阳光的照耀下，万物活跃，生机勃勃；夜晚，在月光的守护下，时间留给欢聚与歇息。

夜晚到处笼罩着黑暗和神秘，可以为我们带来更多的乐趣。黑暗与寂静是猎食者、小偷、间谍的好朋友，但同时也是勇敢、强大、渴望了解更多秘密的人的好朋友。夜晚的世界等着我们去探索，那里隐藏着各种未知的陷阱和危险。

要完成这项任务，需要在太阳落山后去散步。在城市中选择一条路线，或者，最好在野外进行一番探索。

在大人或者几位朋友的陪伴

下，冒险者要深入到伸手不见五指的黑暗中去。竖起耳朵，尝试去辨识每一种声音。深呼吸，你会闻到夜晚的味道。

假如你身处一片树林之中，可以埋伏在一条溪流附近，等着吓吓那些来饮水的小动物——野猪、狍子、狐狸、獾、睡鼠。记得要待在下风口，这样动物才不会因为察觉到你的气味而跑开。

在夜里，你一定要有耐心。因为在伸手不见五指的黑暗中，时间也会过得很慢。

专家小提示

随身带上你的手电筒，别忘了带备用电池，这样才不至于迷失在黑暗中。

✅ **任务完成！**

在这里记录下你在"夜游"时听到的声音、闻到的气味,以及遇到的"伙伴"吧。

声音:

气味:

遇到的"伙伴":

任务价值
（从1~10选择一个数字打分）

勇气：..............
好奇心：............
细心：.............
创造力：............
开心程度：..........

你会记住什么？

踟蹰的步伐、自顾自发出光亮的路灯或月光；神秘感笼罩着整个黑夜，就像披在黑夜身上的一件外套，世界充斥着秘密，就连你也是其中之一。

任务 15

观赏同一天的日出与日落

我们看着日夜交替，似乎已经习以为常，觉得没什么了不起。但全世界都要感谢太阳——巨大的不停燃烧着的火球，源源不断地给予了我们无法估量的能量。没有它，天地间将是一片荒芜，没有小草，没有树木，也没有动物，天上不会下雨——因为海洋和湖泊中的水分不会蒸发，也就不会形成云朵。

要完成这项任务，你必须在同一天的日出和日落时分都保持清醒，先向地平线上徐徐升起的太阳致以问候，再目送它从天空的另一边慢慢落下去。

以下是几条小提示：太阳从东边升起，从西边落下，所以你要挑选在这两个时间没有障碍的观测地点。日出和日落没有固定的时间，随着季节更迭而不停变化着。要想知道观赏的确切时间，可以通过网站或气象软件查询。在这两个时刻，你必须保持清醒，但是如果你真的想做一件特别棒的事，那么可以尝试同时完成任务11、12、14和15！

✓ 任务完成！

我的观赏地点是：

任务价值
（从1~10选择一个数字打分）

勇气：..............
好奇心：............
细心：..............
创造力：............
开心程度：..........

你会记住什么？

天空就像一块调色板，流泻的光线洒在皮肤上痒痒的，一天的诞生与逝去是一个神奇的过程；还有，那难以抵挡的困意，也令人无法忘怀。

任务 16

种一株植物

这项任务一点儿都不像看起来那么容易！不过这同时也能给你带来很多有趣的收获——比如一些新鲜的罗勒叶子，可以用来做比萨等西餐。

选一种植物来种吧。如果你没有花园，也没有阳台，那么你可以尝试在窗台上种。注意，对于不同的植物来说，适合种植的时间也不一样，以罗勒为例，它适合在春季的4月份和5月份种植。

也不一定非得有花盆才能种花种草——一只底下有孔的小塑料碗足矣，就是超市里盛沙拉或者小番茄的那种。不过，必须有一些表层土（超市里也有卖的，或者在园艺商店里也能找到）。当然，还需要种子，花很少的钱就能买到。

将表层土填进花盆或者小碗里，大概填半盆。然后，将种子播撒进去，再用表层土覆盖在上面。

现在可以浇水了——尽量用喷壶或浇水壶而不要用水杯去浇，这样，水会以水滴而非水流的形式浇灌进盆中，均匀地滋润所有的种子。

浇过水后，用一层透明的塑料膜覆盖在盆上。记得在花盆下面垫上一个小碟子，这样浇进去的水就不会渗出来了。

大概一周之后，第一批小芽会萌出。一旦看到萌芽，就要马上摘掉塑料膜，因为这时候就不再需要覆膜了。慢慢地，小芽们会长高。把它们置于阳光下，别忘了定期浇水。当小苗长到5~6厘米高时，把那些长得不太好的除掉（不必让它们继续生长，因为它们"生不逢时"），留下那些长得比较茁壮的，它们会变得越来越结实、越来越好。

在种植植物的时候，一定要查阅种植指南，因为每一种植物都有自己的特点，要悉心地照顾。

✓ 任务完成!

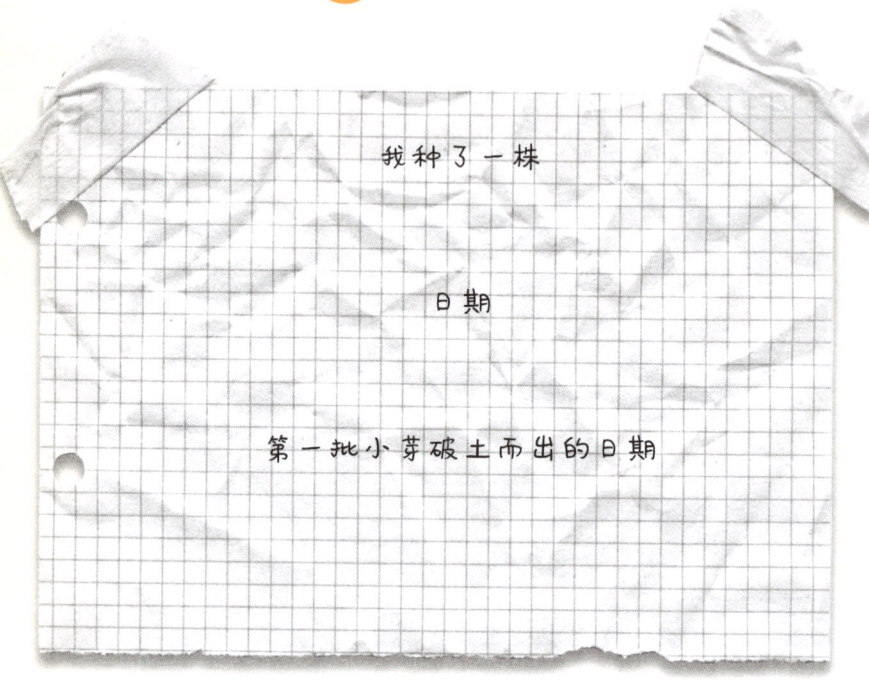

我种了一株 ____

日期 ____

第一批小芽破土而出的日期 ____

任务价值
（从1~10选择一个数字打分）

勇气：..............
好奇心：..............
细心：..............
创造力：..............
开心程度：..............

你会记住什么？

植物的清香、轻抚小芽时指尖感受到的柔嫩，以及看着自己养育的小生命慢慢成长所收获的喜悦感。

任务 17

【需要大人在场】

制作一把弹弓

现在轮到"淘气包必备品"登场啦——它是街头小子的战利品,也是小坏蛋的"权杖"。它的制作过程很简单,而且要用到的材料也都是非常便宜、简单的,只花很少的钱甚至一点儿钱都不用花就能得到。不过,要学会怎么发射和击中目标,可就不那么容易了。

要完成这项任务,你得做到两件事:制作及瞄准——一定要发挥自己最好的射击水准。

要做好一把弹弓,你需要一根有两个分支的树杈,形状就像

字母"Y"。你可以在公园、树林甚至院子里找到它。

做弹弓最理想的材料是橄榄树的树杈，但其实只要是足够坚硬的树杈都可以。你还需要一块用来做发射器的皮革和一根橡皮筋。也可以用医用止血带（就是在医院打针的时候护士用的那种，在药店就可以买到）来代替橡皮筋。

发射器（也就是在射击时放置石子的地方）是由一块能搁得下拇指大的石子的皮革折叠成两层做成的。它的两头要打出两个孔，这样橡皮筋才能穿得过去。你可以从一只旧皮鞋或旧皮包上得到所需要的皮革。

当你找到了适合做弹弓的树杈后，应该把它削平整、弄干净。然后在"Y"字的两个分支上分别刻下一道划痕，以便将橡皮筋拴得更稳固。

木头削好了，表面弄干净了，要把它放在烤箱里以200℃的高温烘烤5分钟。这可以烘干树杈中的纤维，加速材质的陈化。当它开始变色时，你会闻到烤木头散发出的浓烈香味，这时就该把它从烤箱中拿出来了。注意别烫着！

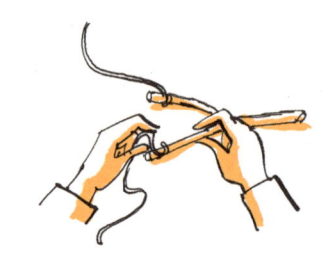

现在，将它冷却一下，将橡皮筋拴在"Y"字的两个分支上，然后在发射器的两端打孔，并将橡皮筋从孔中穿过、系紧。

注意两端的橡皮筋长度要一致，否则你就永远都射不准了！

做好了弹弓以后，就可以开

始试射了。一定要小心,用比较有力气的那只手来抻橡皮筋进行射击,用那只相对弱一些的手来拿弹弓的手柄。强烈建议给那只拿弹弓的手戴上手套,因为一开始很可能你射出的石子直接打在手上了。也可以戴上一副树脂眼镜,因为一旦橡皮筋断了很可能会抽到眼睛。

先在空旷的地方练习,或者试着打残破的墙壁。一定要在保证安全的前提下射击——只有傻瓜才会不怕把自己打伤呢。

任务完成!

任务价值
(从1~10选择一个数字打分)

勇气:…………
好奇心:…………
细心:…………
创造力:…………
开心程度:…………

你会记住什么?

一松手石子便飞向任何方向的可能性;把一只易拉罐打瘪的爽快劲儿;只要把橡皮筋抻得足够长,你就会发现其实任何目标离你都不远。

(注:在进行此任务的过程中,不能对着人射击,以免伤害他人。)

任务 18

在十步以外击中罐头

现在,你已经有一把专属弹弓了(也就是在任务17中你自己制作的那把),在本任务中,它就派上用场了。不过如果你不想用弹弓,那么也完全可以徒手完成本任务。

找一处空旷、四下无人的场地,比如乡间田野。

拿来一只空罐头瓶(或易拉罐)。将它放在一个大纸盒、箱子或石头上面(只要够高就可以),然后,尝试在五步以外击中它。很容易吧?好,现在,再往后退五步。现在,游戏就变得有难度了。

你打中了吗?这是新手的好运气。你得一连5次打中空罐头瓶,这项任务才能算完成。

✓ 任务完成!

任务价值
（从1~10选择一个数字打分）

勇气：............
好奇心：............
细心：............
创造力：............
开心程度：...........

你会记住什么？

屡次尝试却不成功的挫败感；手臂和肩膀的酸痛；终于打到罐头时激动的心情。

任务 19

从很高的小山丘上骨碌下来

  任何探险家都会觉得登上峰顶很重要，那是高得不能再高的制高点，那里的风景美得令人窒息。在那里，辽阔大地的壮丽景色一览无余，四周缭绕的云雾之上，飘飞着所有人的梦想。

  正因为如此，无数登山家冒着生命危险攀登珠穆朗玛峰——它是一座迷人的山峰，也是一座崎岖而险峻的山峰……最重要的是，它是世界上最高的山峰。

  要完成这项任务，你不用去尼泊尔，也不用请夏尔巴向导。只要找一座离你最近的山头，爬到山顶——一定得爬到山顶，差一点儿都不行。

  现在，请你尽情享受登顶的时刻，让美丽的风景像一支锐利的箭一样射中你的心。闭上眼睛，呼吸高处的空气。

到了下山的时候，在下山的路上，找一处空旷、干净的山坡，或者是一片有坡度的草地，这片山坡或草地一定得空旷，中间不能有石头或其他障碍物。一定要仔细检查，否则你可能会被撞得非常疼，或者摔在一坨牛粪上。然后，回到山坡上，摆好"香肠势"（也就是在草地上仰面躺下，双臂沿体侧收紧，双腿并拢伸直），来一声"野兽吼"，然后骨碌下去。

要是有朋友在你跟前，你可以叫他们跟你一起来场竞赛，看谁先骨碌到坡底。获胜者可以走在队伍的最前面。

在骨碌的过程中一定要注意安全。

✅ **任务完成！**

受了哪些伤/刮破了哪件衣服

任务价值
（从1～10选择一个数字打分）

勇气：..............

好奇心：............

细心：..............

创造力：............

开心程度：..........

你会记住什么？

辽远壮阔的世界；要骨碌下去之前肚子紧张得发麻的感觉；天旋地转的感觉。

为至少三只野生动物拍照

饮水之前,狍子会竖起耳朵,伸长脖子,蓄势待发。因为它即将放松警惕,所以它得确定自己可以这么做,不会有谁在它低头喝水的时候跑来捣乱。

那两头打架的野猪,就像两个刚从酒馆里出来的醉汉。它们发出低沉的呼噜声,喘着粗气,摇晃着那长着獠牙的硕大的嘴巴,试图把对手拱到一边去,以便它更迅猛地攻击对方。

要永远留住这些瞬间,捕捉到那些难得一见的野生动物们的身影,你需要三样东西:一台照相机或手机、一个好的观测点和极大的耐心。

要完成这项任务,你得找到三只野生动物,然后偷偷地为它们拍下照片。

✅ **任务完成！**

我拍下的野生动物有：

1.

2.

3.

任务价值
（从1~10选择一个数字打分）

勇气：..............
好奇心：............
细心：..............
创造力：............
开心程度：..........

你会记住什么？

埋伏的紧张感、等待的耐心、屏息凝神时的状态，以及害怕的感觉！

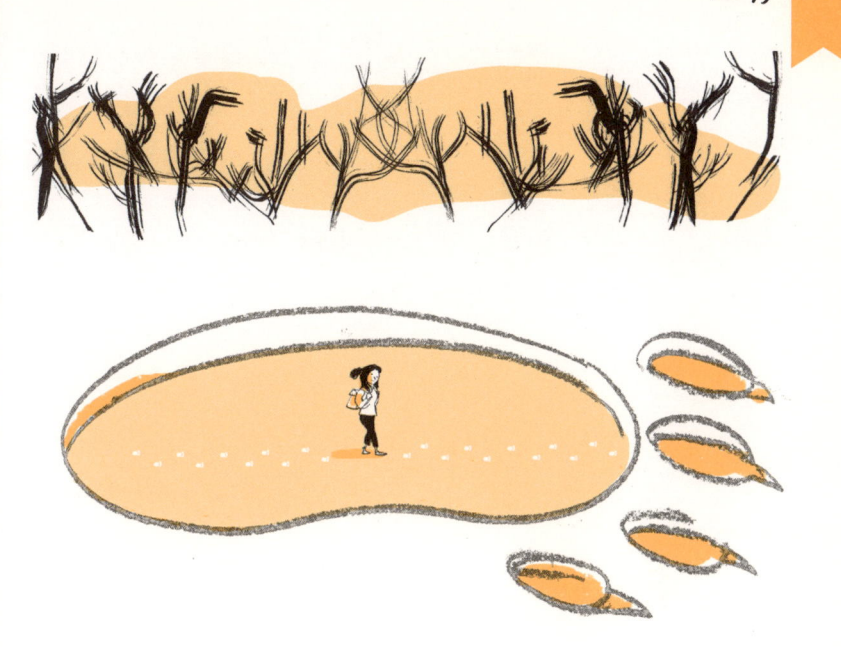

在树林里追踪动物足迹

　　树林是活的,人们在那里与动物们相遇,讲述着有关它们的故事,故事中流传着自然昼夜更替的韵律。无论是大野兽还是小家伙,让它们出来活动的最大动力多半是为了找吃的。树林里动物出现的"高峰期"要数夜晚的前半段和黎明前的那段时间。

　　一位受过训练的探险家应该能发现动物的足迹。你想知道那是谁在灌木丛中留下的痕迹吗?那么就来完成这项任务吧,或许任务20中的收获还能帮得上忙呢!

　　下面是你要做的一系列准备。穿上高筒靴,这可以保护你的脚踝,穿上厚袜子和长裤,然后就到灌木丛中去追踪动物的脚印吧。

如果你发现的足迹轮廓很清晰、干净，就说明它是不久前刚被留下的。地面是否湿润对于足迹的清晰度影响很大，不过过了一段时间，足迹的边缘就会被破坏，整个边缘会塌向中间，就像泄了气的救生圈。

下图中画的是在树林中最常见的动物足迹，它们分别是狍子、刺猬、野兔、野猪和狐狸的足迹。

狍子

野猪

狐狸

刺猬

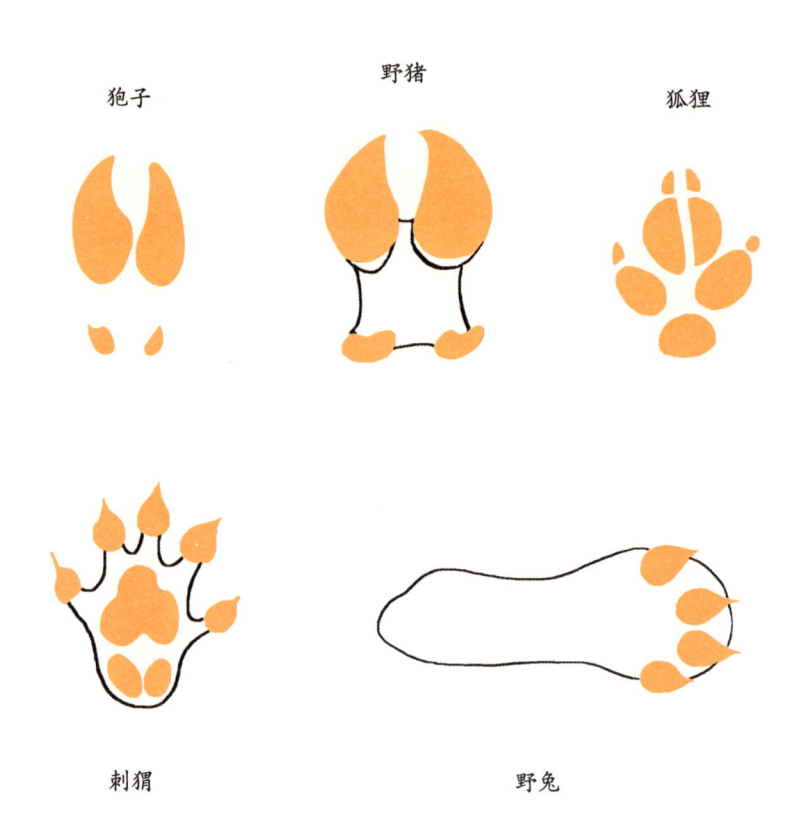

野兔

✓ 任务完成!

我找到了它们的足迹:

任务价值
(从1~10选择一个数字打分)

勇气: ....

好奇心: ....

细心: ....

创造力: ....

开心程度: ....

你会记住什么?

好奇心和困惑感;扑鼻而来的泥土和树皮的香味;无法确定是什么动物的足迹时漫无目的的追踪;破解动物巢穴和足迹密码的过程。

任务 22

【需要大人在场】

生一堆火

如果外面刮起了风,或者下起了雪,又或者我们因为发烧而冷得瑟瑟发抖,只要打开暖气,很快就能感觉好多了。暖气解决了人类自古以来一直烦恼的问题:在寒冷时为自己取暖。

可是,当我们远离文明,身处戈壁沙漠的高原地带、安第斯山脉的山中小径,或者在附近的某座小山中露营时,就得用古人发明的老办法来解决取暖的问题了。

火不仅能帮助我们取暖,还能让人们把食物做熟,能让那些危险的动物敬而远之,还能在没有月光的晚上照亮营地。

不过,我们需要知道如何才能点燃和熄灭火,以及如何才能利用和驯服火。想要成功地生火，最重要的是前期的准备工作。你需要选择一个避风的地方，以防止风把火苗吹灭。把地面弄得平整、干净一些，清除小树枝或枯叶。

堆一堆石头，并在石头堆中间弄出一块凹陷——这将是你生火的地方。

最常见的生火材料是木头。去树林里走走看，你能找到很多掉落的干树枝，它们是你用来生火的最佳材料。木柴无论大小，都能用来生火，从最细的小树杈，到非常粗壮的树干（要是太粗的话，就把它劈开）。

要生火，需要有引火物，也就是一些能迅速点燃的东西。稻草是不错的选择，木头碎屑、羽毛、锯末（比如木蛀虫蚀蛀木头后留下的）、在凡士林中浸过的棉花球或者干粪便。

用细小的树枝搭成一个小小的"棚子"，把引火物放在中间。要点燃它，可以用几种不同的方法。用打火机是最容易的一种（就连野外生存专家也会用这种方法），与此类似的还有火柴（还有个小窍门儿——可以将蜡烛的烛泪滴在火柴头上，这样可以防止它变潮，这样一来就算掉进水里都不怕了）。

你也可以用放大镜来生火。把放大镜倾斜到刚刚好的角度，使太阳光线透过镜片，将焦点对在引火物上，保持不动。过一会儿，你就能看到一条细细的烟线从其中冒出来——赶紧轻轻地用嘴巴向引火物吹气，这能帮助它点燃。

注意事项

中国的很多地方都是禁燃区。在自然保护区的森林公园中,你能找到为了让人们生火做饭而特别划出的区域。有时候,禁燃规定只限于夏季,因为这个季节比较容易发生火灾——注意浏览所在区域的相关规定,以免闯祸。

✓ **任务完成!**

任务价值
(从1~10选择一个数字打分)

勇气:............
好奇心:............
细心:............
创造力:............
开心程度:.........

你会记住什么?

让古老的方法重获新生的感觉;去树林中砍柴、选择可用来做柴火的木料、为了生火所做的冗长准备;火刚刚点燃时发出的噼啪声;脸颊暖烘烘的感觉。

任务 23

【需要大人在场】

学会辨认蘑菇

早在很久以前的旧石器时代，既没有工厂，也没有办公室，既没有学校，也没有饲养场。生活在那时的人们从来不用去上班、赚钱，也不会给自己买吃的。那么，他们是怎么生存下来的呢？

远古时期的人类都是狩猎和采集专家。也就是说，他们没事儿就会去森林里溜达，找野味或水果（当然还有野莓和花朵），然后再尝尝它们好不好吃。那时候，生存十分不易，不走运的话，就可能一整天都要饿着肚子。

直到今天还有人以这种方式生存，比如俾格米人或者布须曼人。你也可以尝试模仿这种生活方式，学会更好地辨认大自然中究竟哪些东西能吃（而且很好吃）！比如蘑菇。

蘑菇是一种十分特别的东西。它们算不上蔬菜，因为它们不含叶绿素。有时候，它们依靠分解的有机物提供养分；而有时，它们与树木"达成协议"，形成共生关系，互相交换营养物质。它们中有的像霉菌一样，生长在房屋潮湿阴暗的角落，有的则长在草地中，可供食用。不过对我们来说，最重要的并不是采蘑菇，而是认识蘑菇。

以下是几种最常见的蘑菇，去树林中找找看，仔细观察，你就会发现它们。

蜜环菌

牛肝菌

平菇

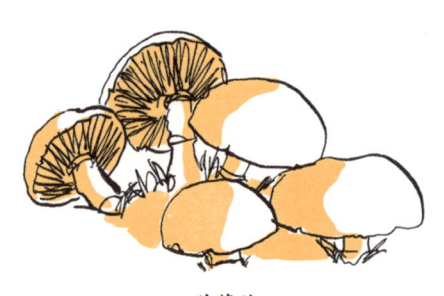

洋蘑菇

✓ 任务完成！

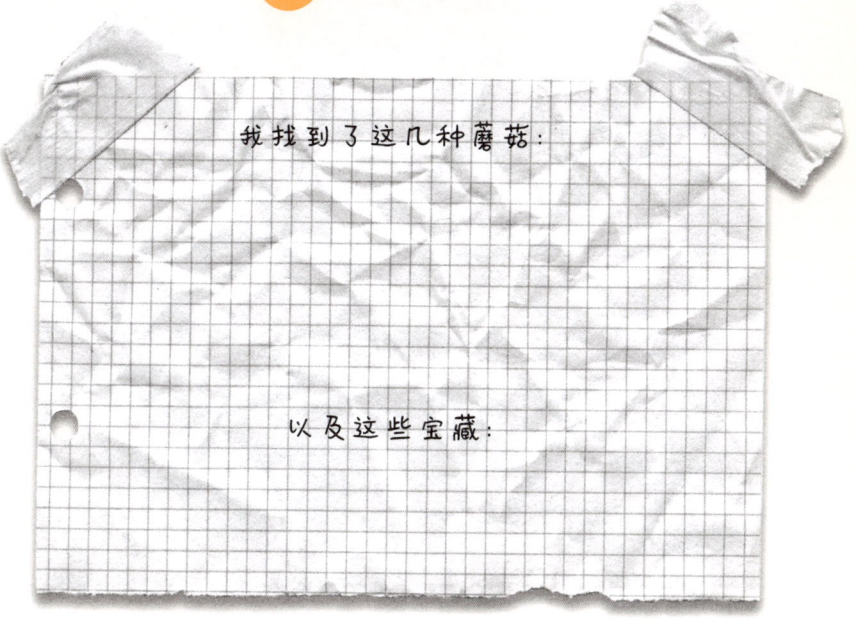

我找到了这几种蘑菇：

以及这些宝藏：

任务价值
（从1~10选择一个数字打分）

勇气：..............
好奇心：............
细心：..............
创造力：............
开心程度：..........

你会记住什么？

扑鼻而来的夹着霉味儿的蘑菇香；秋天松软的土壤；踏在厚厚的落叶上的脚步声；以及突然发现你正在寻找的蘑菇时的惊喜感。

任务 24

堆一个雪人

要是有一床又软又舒服的羽绒被子，谁都喜欢在床上打滚儿。这不，雪就是大自然铺好的大被子，它正准备睡个午觉呢。如果我们能小心点儿不打搅它，它就允许我们在这个雪被上玩儿，想玩多久就玩多久。

把自己从头到脚捂得严严实实的，再拿上一把玩雪用的铲子，咱们就出门吧。咱们马上就要创作一件作品，它一直能坚持到冰雪消融时才会消失不见。

如果要堆雪人，需要多少雪呢？很多，很多，比你想象的还要多。

你要应对三个挑战：一个很大的，一个不大不小的，还有一个很小的。雪要尽量压得紧实，压一压，拍一拍，一直到它很坚固了为止。所以，得需要很多很多的雪才行!

最大的挑战是雪人身体的下半段——它的肚子和腿。不大不小的那个是它的胸部和肩膀,而最小的挑战就是它的头啦。这三个部分一个叠在另一个上面,要叠得很稳当才行。如果你怕它不稳当,就在里面插一根棍子,这根棍子可以作为雪人的脊梁骨。

现在就差胳膊了,你可以用两根长长的树杈给雪人做胳膊。然后是脸——动画片里的雪人都是用胡萝卜做鼻子的,用两块烧黑的木头做眼睛,还要戴上一顶旧帽子,让它不会吹冷风。不过,胡萝卜很快就会被小鸟吃掉,所以最好还是用一根小树枝来做鼻子。

你会用什么东西来做雪人的嘴巴呢?你会为雪人取什么名字呢?

✓ 任务完成!

任务价值
(从1~10选择一个数字打分)

勇气:..............
好奇心:............
细心:..............
创造力:............
开心程度:..........

你会记住什么?

寒冷的天气、满眼的银白色,以及堆雪人的辛苦。

任务 25

造一座雪屋

造一座因纽特人（生活在全年被冰雪覆盖的北极）住的屋子并不像你想的那么难。造雪屋最重要的原材料就是雪，而且最好是冻住的雪。因此，这项任务可以跟任务24一起完成。

把冰雪压紧、塑形，制作出一些雪砖来。可以借助铲子，或者拿去掉底的抽屉来为雪砖塑形。

将雪砖一个挨一个放放好，排列成环形。这样一来，雪砖之间就会留出空隙，用雪来填满这些缝隙就好了。然后，在排列好的雪砖圆环上面再堆叠一圈，并微微地向中间收拢。就这样，一圈接着一圈地向上堆叠，每一圈都向中心收拢一些，最后渐渐地一直搭到最上面一层。

先画出一个你跪着能爬进爬出的拱形门口,然后用一根棍子或者小刀沿着画出的轮廓切开,把切下来的雪扔到外面去。因纽特人为了避风,还会在入口处挖出一段被冰雪覆盖着的通道。但是这并不是非有不可的。

等你搭到顶端,就用雪做一块圆形的盖子。你的雪屋是不是建得稳稳的?太棒了!现在,你该为雪屋开一扇门,到外面去玩啦!

雪屋盖好了。你会如何装点它呢?

✓ **任务完成!**

为了永远记住这座雪屋,请在下面为它画一幅速写吧。要是画得不太像也没关系 —— 不完美的作品通常才是最美的。

任务价值
（从1~10选择一个数字打分）

勇气：. . . . .
好奇心：. . . . .
细心：. . . . .
创造力：. . . . .
开心程度：. . . . .

你会记住什么？

冻得通红的小脸、冰冷刺骨的雪、"一砖一瓦"建造起来的雪屋、完成这件杰作时你的欢呼雀跃，以及迫不及待想要进入雪屋的渴望。

乘着爬犁驰骋于冰天雪地

你还记得任务19中的那座小山吗？到了冬天，请你回去看看，试着毫发无损地从山坡上滑下来（这个可比较难）。

你要是不喜欢爬犁或者找不到爬犁，也可以用一块大雪橇。关键是你得捂严实了，多穿几层，这样在你真的摔了的时候，还能缓冲一下。

如果觉得从山坡上滑下来太容易了，那就试试用铲子造一个小型跳台。你得向下坡底部的方向起跳（这样才能获得最大的速度），一定要提前想好你的速度一旦太快了该怎么停下来。用雪堆成一个大雪堆，把它拍得松软一些，千万别硬得像石头似的。

现在，鼓起勇气出发吧！你能冲出多远呢？

✓ 任务完成!

任务价值
（从1~10选择一个数字打分）

勇气：. . . . .
好奇心：. . . . .
细心：. . . . .
创造力：. . . . .
开心程度：. . . . .

你会记住什么？

刺骨的寒风吹过脸颊、起跳时屏住的呼吸，以及没冲刺好最后一头栽在雪堆里的疼痛感。

打一场"大战"

要打一场真正的"大战",一定得很多人一起玩才行。人越多越有意思。打仗能激发你的原始反应能力。早在我们的祖先每天出了山洞就要面对生存挑战时,这种反应能力就"写"在我们的基因中了。在打仗的过程中,你的感官会变得敏锐起来,你能比平时看得更清楚、听得更清楚,大脑也能更加敏捷地反应,你能察觉到非常微妙的动作和声音。并不是只有大脑是这样的——你的心脏也会疯狂地跳动,将血液泵出,为每一块肌肉提供丰富的补给。"跑啊!"大脑说,然后肌肉们马上紧张起来,听从指令。"小心!这是陷阱!"它反复警告,你赶紧逃跑，以避危险。你进攻，然后被反击；你打别人，然后被打。

但是，没有人会真的被打痛。一场"大战"打完，大家还会一如既往地互相友好地拥抱。

"大战"的规矩：
- 不要故意把对方打痛。
- 叫暂停时要马上停下来。
- 随时注意是否有人出了状况，要及时伸出援手。

打一场冬季"大战"

在冬天，最令人神往的就是用雪球来打仗。天空飘下片片雪花时，请耐心等待。雪停了，你就可以约朋友去一个空旷无人的地方打一场"雪球大战"了——最好的地点是没有车的停车场，或者是无人的操场。数一数你们一共有多少人，然后分成至少两支队伍（可抽签决定），分散开来，花15分钟各自搭建堡垒。

堡垒就是你们的避难所，在对方前来攻击时，堡垒能够掩护你们。可以在堡垒中选择一座作为"家"，在"家"里的人不会被对方攻击到。也正因如此，雪球不能打到堡垒（不计分且算犯规），堡垒应该足够高，高度能完全掩护好蹲着的你，而且宽度足够两三个队友同时接受掩护。

然后，你就该准备"弹药"了——雪球。你会用到许多许多的雪球，存放在堡垒后面备用。这些雪球得拿起来顺手，捡起来就能扔出去。记得好好捏一捏，但也别捏得太结实，否则它就会变得像石头一般硬实。雪球是扔出去打人的，但并不是真要把人打疼，一旦把人打疼了，雪球大战就要立刻叫停。其他规则有：尽量避开堡垒，向对方发起紧密攻势。被打中的人要假装"阵亡"、出局，不过也别太指望大家能真的这么做。更有可能的是大家都一直坚持到打完最后一个雪球。别太介意有人看着你们打,如果他们觉得有意思,也会加入进来——世界上规模最大的一场"雪球大战"发生在美国的西雅图市,共有5 834个堡垒。你们能比他们还厉害吗?

打雪仗是小朋友们最喜爱的游戏之一,但是在天气暖和的季节,你和小伙伴们还可以用水枪和水球互相打"水战";或者当外面天气很冷但是又没有下雪时,你们可以到车库或者空房间中,打一场"枕头大战"。只要记住一点:这里的"大战规矩"对打任何类型的"大战"都适用。

✓ 任务完成！

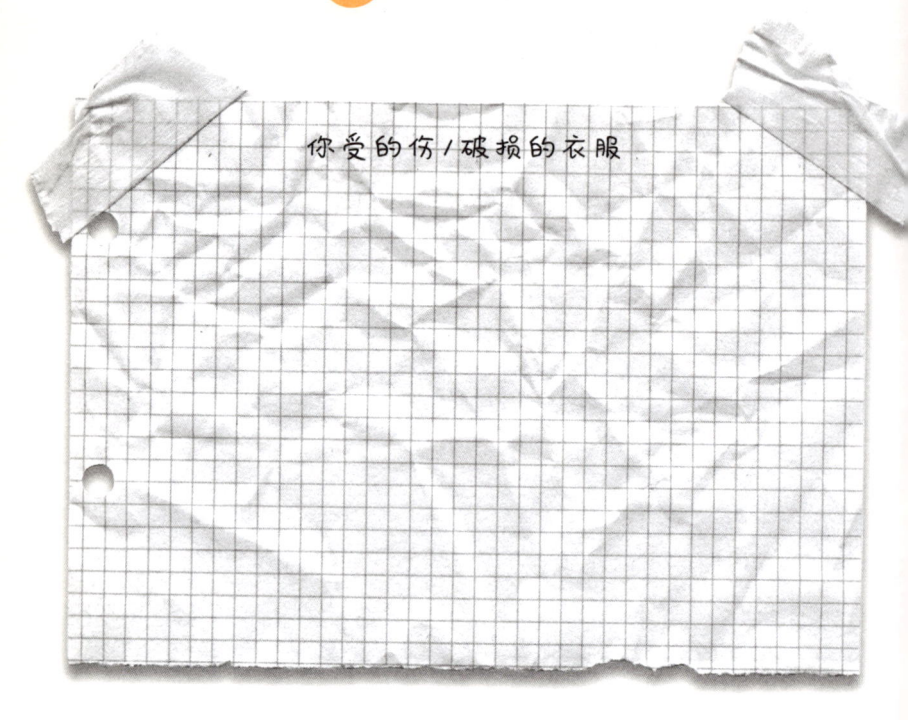

你受的伤 / 破损的衣服

任务价值
（从1~10选择一个数字打分）

勇气：..............
好奇心：..............
细心：..............
创造力：..............
开心程度：..............

你会记住什么？

不假思索地快速行动、毫无预料地挨打，以及此起彼伏的大笑声（真的是此起彼伏）。

任务 28

出发去寻找化石

我们来好好地审视一下万物：

电视诞生在100年前。

美洲在500年前被发现。

文字在5000年前被创制。

化石则要追溯到至少200万年前。

地球的年龄则有45.7亿岁了（大概）。

化石是由曾经活的生命石化后形成的，如恐龙、软体动物、花朵、种子，甚至单细胞生物（也就是只由一个细胞组成的生命体，比如一些藻类和真菌）。这是很久很久以前留下的"照片"，它的年代如此久远，令人难以想象。

化石的形成是很偶然的——要在相当特殊的条件下,生命体死亡后才不会被分解者分解。当条件形成后,死亡后的生命体不会腐烂、被分解,其中的有机物会石化,并且一直在地下待上几百万年,等着谁来发现它。那个发现它的人或许就是你呢。

要完成这项任务,你得有一台照相机(有照相功能的手机也可以),还要找到一个岩石表面能看到化石的地方。在山的分界处(也就是由于自然山崩或人工开凿造成的山体分裂处),或者在水量较大的河边的沉积岩(也就是被风和水侵蚀的)河床上,以及人迹罕至的山洞和沙滩,你都有可能找到它们。

化石很难得而且珍贵,它们就这样被保存在你会发现它们的地方。

✓ 任务完成!

我找到的化石是这样的:

任务价值
（从1~10选择一个数字打分）

勇气：..............
好奇心：............
细心：.............
创造力：............
开心程度：..........

你会记住什么?

穿越时空的凝视。

任务 29

组建一支秘密小分队

关于你正在执行这项任务的事情,不要让任何人知道,记住,是任何人。

你得偷偷地读这几页的内容——你可以躲在被窝里读,用手电筒照亮;或者躲到树上去,就像任务09中说的那样。

秘密小分队可不是闹着玩儿的。要是想让这支小分队非常隐秘的话,你就得特别谨慎、小心,才能不让外人知道。一步之差,就会让你的秘密暴露,前功尽弃。

你可以跟几个值得信赖的密友商量一下组建这支小分队的事情,他们一定得是非常值得信赖的朋友才行——你甚至连命都能放心地交给他们的那种密友。在学校里讨论这件事也可以，但这真的很危险。最好去队员的家里，锁上门，悄悄地说，这样才会比较安全。

在你们之中选出一个人来担任小分队的队长，他/她有权发表讲话及中止他人的讲话，也有权发起投票，根据多数票的意见做出决定。

一般来说，要成立小分队，有以下事务需要完成：

1. 为小分队取一个名字。这个名字最好既好听又有神秘感。这个名字只有你们——这个秘密小分队的队员知道，别人永远不知道才好呢。

2. 草拟小分队章程。在章程中，应该指出成立小分队的目的。比如，为了与"敌人"战斗，为了戳穿谎言，为了保护弱者和受到不公正对待的人……总之，要列出一切可能的目的，然后开会投票，把多数票通过的项目写在章程上。同时，还要列出小分队的创立合伙人，在章程的最后签署自己的名字。章程原件由小分队队长保管。

3. 写下小分队的入队誓词。在加入小分队时，每一位队员都应该宣誓，誓词大概是这样的："我庄严地宣誓，遵守小分队的各项规定，保证不对外泄露自己和他人的小分队队员身份，尽最大的努力完成自己的任务。绝不食言。"

宣誓时，所有队员都必须在场见证，宣誓人要在烛光前庄严地念出誓词。

4. 画出队员证件，队员的证件就是身份的象征。在名片大小的卡片上大大地写下小分队的名字。然后写下队员的名字，最后加上"秘密队员"的字样。

5. 选一句暗语。想要进入小分队大本营或参加秘密会议，必须说出这句暗语才行。

在这本书中，还有一些小分队可以进行的活动，你可以跟小分队的其他队员分享。比如，让想要加入小分队的人进行一场寻宝游戏（任务07），看看他们是否有加入小分队的潜力，或者大家一起在"危险的地方"睡一宿（任务11）。你们要彼此信任、互相帮助。只有团结一心，才有可能做到其利断金。

✓ 任务完成！

这个小分队非常秘密，所以不要留下任何关于它的痕迹。

任务价值
（从1~10选择一个数字打分）

勇气：..............
好奇心：............
细心：..............
创造力：............
开心程度：..........

你会记住什么？

为小分队取名字时的讨论；为了一起完成一项任务而与大家共度的下午；当一个鬼鬼祟祟的人来打探你们小分队的情况时所引起的怀疑。

写一封密报

你是不是已经完成了任务29中说到的秘密小分队了？

那么现在，你需要一个能秘密地跟其他队员沟通的方法。发微信可不行！因为如果你的手机落入了别人手里，那可就危险了。

早在古时候，人们就意识到了传送密报的重要性。想想在战争年代，指挥官们需要把指令传达给军官们的时候，可不能让敌人截获这些指令，否则他们就能轻而易举地赢得战斗。在古罗马时期，使者们会把那些指令文在奴隶的光头上。等到奴隶的头发重新长出来以后，就把他送到指令的目的地，到了那里再把他的头发剃光，那里的军官就可以读到文在他头上的密文了。

在互联网时代,这样的方式简直太慢、太低效了。而且,也几乎不可能把谁的头发剃光了发密报,等长出头发来再给他剃光。这里为你提供一种更加便捷且有趣的传递密报的方式——恺撒密码。

你知道为什么它叫这个名字吗?因为是尤利乌斯·恺撒使用了这个方法。用这个方法,你可以创制出没有密钥的人无法解读的密码系统。

看看下面的表格:

A	B	C	D	E	F	G	H	I	J	K	L	M	N	O	P	Q	R	S	T	U	V	W	X	Y	Z
E	F	G	H	I	J	K	L	M	N	O	P	Q	R	S	T	U	V	W	X	Y	Z	A	B	C	D

发现其中的特别之处了吗?

第二行的字母跟第一行一样,都是按照字母表的顺序排列的,只是提前了四个字母。恺撒只提前了三个,不过我们可不想让恺撒他们破译我们的密报,所以我们做了一点儿小小的改变。

要破译你的密报,你得这么做:

1. 写下密文(比如:WOMEN YIHUIR JIAN,也就是"我们一会儿见"的全拼)。

2. 用上面的表格替换密文中的每个字母(比如:ASQIR CMLYMV NMER)。

3. 将转换后的密文抄写下来(以短信或纸条的形式),发送出去。

你弄明白该怎么做了吗?尝试一下破译下面这句密文吧:

RM QEQE PEM BYIBMES PI

你还想让密文更难?那就把第二行的字母顺序打乱。只有知道你这份独一无二的表格的人,才能破译密文!

✅ 任务完成!

在下面写下只有你和你的小分队队员能够破译的密文吧:

任务价值
(从1~10选择一个数字打分)

勇气: ....

好奇心: ....

细心: ....

创造力: ....

开心程度: ....

你会记住什么?

根本无法念出来的信息,在你的破译下,由一个个字变成了一句完整的话时兴奋、神秘、亲密的感觉。

任务 31

跟踪一个朋友而不让对方察觉

不可否认的是,跟踪,是一个人有胆量做的事情里面最没意思的事情之一。因为做这件事情需要大量的耐心,很费鞋,而且大部分时间里,做这件事情根本一点儿乐趣都没有。

可这却是最古老、最重要的监视技能,秘密小分队的队员必须掌握这一技能。跟踪一般是偷偷地跟随目标,弄清楚他/她都去了哪里、与谁碰过面。注意:不能让目标发现被跟踪了,更不能让目标发现自己,否则就前功尽弃了。

选择一个比较熟悉的人,比如某位你不知道住在哪里的同班同学。等到放学,大家准备回家的时候,就立即开始跟踪行动。

千万不要让他/她离开你的视线，但是一定要保持距离，别让对方看到你。确保自己在他/她的后方，而且要避免与他对视。戴上一顶帽子，这样你可以时不时地戴上去或摘下来。最好还能有件备用的运动上衣，这样在跟踪途中还可以乔装改扮一下。

随身带个笔记本，记下跟踪目标所做的事情和见过的人。别忘了记下精确的时间。比如，13：11，目标进入地铁入口，他/她持有月票。

当你弄清楚了目标的住址以后，就可以用笔把这项任务从清单上划掉了。

注意：没有人喜欢被跟踪。带上这本书，如果你被对方发现了，就翻到这一页，跟他/她解释一下自己为什么要这么做。

当然，你最好还是不要被抓住。

✓ **任务完成！**

我跟踪的人是（姓名）：

我发现他/她住在（地址）：

我还发现……

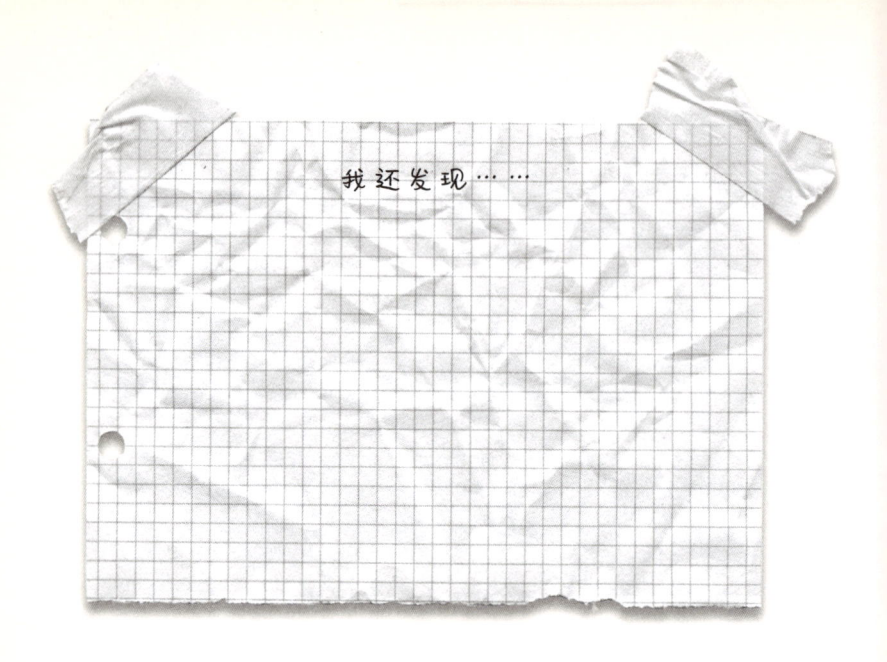

任务价值
（从1~10选择一个数字打分）

勇气：...........
好奇心：...........
细心：...........
创造力：...........
开心程度：...........

你会记住什么？

无尽的等待；害怕被发现的恐慌；比目标更狡猾、机智的感觉。

任务 32

在一处神秘的废墟中探险

你在山里发现那座古老的小楼了吗?人们都说那里会闹鬼。在漆黑的夜里,在悬崖上灯塔的瞭望台上会亮起一盏灯;那片被废弃的农场,人们曾见过有恶魔在那下面游荡。

流言蜚语证明不了任何事,但是能够营造出一种诱惑力和神秘感。

要完成这项任务,你得找一处神秘的废墟进行一场探险之旅。

给你提一些安全小建议:废弃的建筑物是非常危险的地方,多年失修会使得楼体不再坚固,可能你踏上一步,地板就会发生塌陷。一定要紧贴着墙走,那里的地板会更坚固,如果你发现建筑物的墙壁上有很多裂缝,就不要进去了。

行动时,要万分小心,不要一个人待在里面。与你的同伴始终保持不远的距离,至少要互相能听得见对方说话。随身携带手电筒,告诉家人你去了哪里。如果你看到灰尘或霉菌,一定要屏住呼吸,马上出去——谁都不确定它是不是有剧毒的。不过,你要是活着出来了,那么这将是你以后可以讲给别人听的一个很好玩的故事。

别忘了多拍些照片——谁知道闪光灯能捕捉到什么哪些被你忽略的东西呢……

祝大家捉鬼愉快!

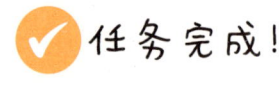

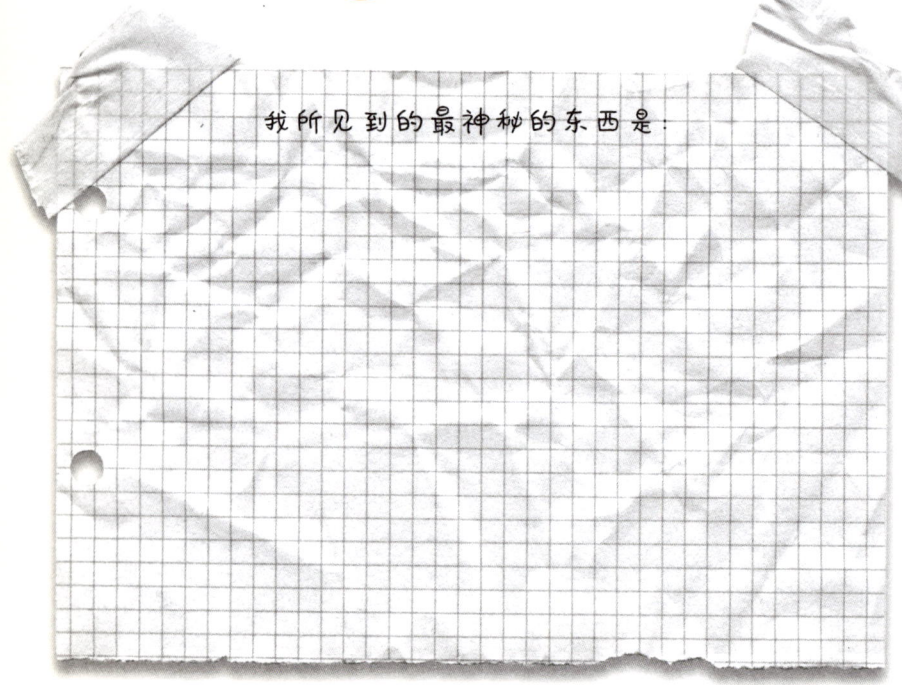

✓ **任务完成!**

我所见到的最神秘的东西是:

任务价值
（从1~10选择一个数字打分）

勇气：.............
好奇心：...........
细心：.............
创造力：...........
开心程度：.........

你会记住什么？

危机、冒险、废弃建筑中的独特气息。

任务 33

模仿一位（已故的）名人

历史可不仅仅是一些日期、地点和事件的堆砌。历史中蕴含的最重要的东西，是形形色色的人们所怀抱的希望、期许，以及他们所付出的许多努力。

选择一位令你感动的历史人物——亚历山大大帝、列奥纳多·达·芬奇、圣女贞德、克里斯多夫·哥伦布……选谁都可以。

寻遍所有与他/她有关的东西，了解关于他/她的所有事情。例如，他/她的家庭情况如何，哪些曾是他/她年轻时的梦想，他/她都擅长做哪些事，又在哪些事上不太擅长。挖掘他/她性格中鲜为人知的一面，了解他/她思考的方式。那些你无从了解的方面，可以由你来编。在你的内心构建一个他/她的样子，包括他/她言谈举止的方式。

如果可能，就去他/她出生和去世的地方瞧一瞧。

如果他/她是一位军官，就去看看他/她打了胜仗的地方；如果他/她是一位艺术家，就去看看他/她的作品。

然后，穿上他/她的衣服，尽可能地模仿他/她。把自己当成他/她，幻想自己成为他/她。

比如，你知道尤利乌斯·恺撒在自言自语时会用第三人称称呼自己吗？"他非常喜欢这份野猪肉馅饼。"试着一整天都用恺撒的方式说话："这些麦片真是太好吃了，他会把它们全吃光。"或者："他可不想做作业，他要到院子里去玩儿。"

用你选择的人物的习惯和生活方式做事，这样坚持几天。

最后，你就能回答下面这些问题了：这个人物的哪些地方打动了你？你认为是什么让他/她如此伟大？为什么他/她会名垂青史？一个人要怎样才能像他一样伟大？

✓ **任务完成！**

这些天我把自己当成了：
（你选择的历史人物的姓名）

任务价值
（从1~10选择一个数字打分）

勇气：..............
好奇心：............
细心：..............
创造力：............
开心程度：..........

你会记住什么？

穿另一个人的衣服时产生的一种奇怪而强烈的感觉。

用指南针和地图找到方向

在陌生的地方，人们很容易迷路，到底该走哪条路呢？是该向右转，向那座陌生的山丘走过去？还是应该走那条通向深邃湖水的下坡路呢？

在探险家的旅途中，指南针和地图永远都是最好的伙伴。几百年来，人们一直在（试图）防止自己走错路，以免将自己置于危险的境地。只有少数勇敢的探险家去过那些无人能及的地方，绘制和修订地图成了最重要的工作。还有指南针，就是那个能够一直指向北方的小工具。它虽忠诚，可是要用好它却离不开地图，而且要非常了解它的用法才行。

要完成这项任务，你得准备好一张陌生地点的地图（但是不要离家太远，要不然你可能都没有办法到达那里）、一个指南针（如果家里没有，可以去体育用品店或者户外用品商店买一个），以及一些冒险精神。

任务要求你首先向北走100步，然后向东走200步。

下面是具体的做法。

选择一个起点，将地图在地上或者在一个平面上展开，然后把指南针放在上面。

首先可以确定的是，地图上方对应的是北方。所以，要弄明白你现在所在的方位，需要把指南针放在地图旁，看看磁针所指的方向，然后将地图翻转一下，让它指出的北方与指南针所指的北方一致。你依样做了吗？好，这就是你要走的方向了。

走路的时候，将指南针放在掌心，然后把手端在胸前——这是行进中使用指南针的正确方法。

祝你探险愉快！

✅ 任务完成!

出发地点:

到达地点:

任务价值
（从1~10选择一个数字打分）

勇气：..............

好奇心：............

细心：..............

创造力：............

开心程度：..........

你会记住什么?

当你走在路上的某一时刻，手里的地图突然变成了你周遭的图景。

任务 35

创办一份小报或博客

过去，想要知道世界各个角落发生什么样的事情是很困难的。各种新闻要由人步行或者骑骡子等，通过商人或使者，跨越千山万水才能传达到人们那里。要让人们获悉一则重要消息，有时候要花上几个月的时间。

今天，全球范围内的即时通信已经成为可能，连南极地区也不例外。有了通信卫星，与大洋中心的人通话变得跟街对面的人通话一样简单。只要轻轻按下按键，你就能通过网络视频了解中国香港正在发生什么事情，也能看到生活在新西兰的帝企鹅在干什么。

可究竟是谁在传播这些信息呢？是谁决定哪些事情值得让人

了解，而哪些不值得呢？

做这件事的人就是记者。他们亲临事件的发生地，了解事件的来龙去脉，然后将它们写下来，目的就是让所有人都知道。说到底，记者其实有点像调查员。为了揭示真相，他们需要打破砂锅问到底，然后再将自己了解到的事实转述给他人。

要完成这项任务，你需要创办一份小报或者一个博客。这可不是一件容易的事。我们希望你在经过老师允许后，说服你的同学、朋友，或者任务29中的秘密小分队的队员们一起帮你完成。

然后，为你的小报选择一个主题。你可以采集校园里、住宅楼里或者小区里的新闻。

你可以先模仿报纸和杂志，写一篇文章。在写之前，好好了解一下你想写的文章主题，因为只有你清楚地了解了主题，才能很清楚地为他人描述出来。如果你想采访一下别人，那么就多问他/她一些问题，尽量弄清楚对方跟你说的话都是什么意思。在你收集到的信息中，只有一小部分能用在你的文章里，但是即便如此，你最终的成果也会是丰富和完整的。

如果你不太想利用报纸，也可以在网上创建一个博客。博客是一种日志，所有人都能读到，只不过不是从纸上读到，而是在计算机的屏幕上。你的博客可以听到的谎言为主题，也可以完成这本书中的任务的经历为主题，融入你的印象、你的感受，也可以加上一些图片。

不要对技术问题有畏惧心理。做一个博客很简单，不是计算机高手也完全可以做到。你可以在一个类似"博客大巴"这种博客网站注册一个账号，并保持在线半个小时。

一旦你创建了自己的博客，

就要保持时常更新,也就是时常发布新文章——至少每周发布一篇新文章。如果能每天更新,就更好了。

关于报道或博文的写作主题,你想听点儿建议吗?
1. 电子游戏
2. 体育运动
3. 音乐
4. 电影

✅ **任务完成!**

任务价值
(从1~10选择一个数字打分)
勇气:..............
好奇心:............
细心:..............
创造力:...........
开心程度:.........

你会记住什么?

新的发现、新的伙伴、读者的评论。

任务 36

把一款非常有难度的电子游戏打通关

你玩游戏打到过通关吗？这需要极大的努力、专注与耐心。长时间的练习、谨慎的战略，以及大胆的尝试也都是非常必要的。

老游戏与游戏机
你不应该在游戏上花太多钱，现在有很多免费的游戏。不过，我们也建议你试着玩很多年前的老游戏，可以在网上下载，也可以直接在网上玩。笔者可以骄傲地说，自己通关过很多电子游戏。你尤其可以尝试挑战以下这些游戏：《塞尔达传说》《魔界村》《黑虎》《点火计划》《猴岛》《古墓丽影》，以及《扎克·麦克拉肯》。不过，可以选择的游戏有成千上万,你玩儿好几年也玩儿不玩。

Playstation是一款非常棒的游戏机,非常好用,不过新款的很贵。你可以找找有没有卖二手老款机型的,你会发现,花上十几元钱,也能玩儿到许多好玩的电子游戏。

如果爸爸或妈妈对你玩儿电子游戏这件事情有意见,就跟他们解释一下,你是在完成任务呢,然后把下面这封信给他们看看。

亲爱的家长朋友:

您的孩子正在努力地完成任务。这项任务对他/她的认知能力和心理运动协调性的发展有着至关重要的作用。最新研究显示,玩电子游戏能够刺激他/她大脑中的神经反应。此外,玩电子游戏还能无负面影响地缓解压力、释放情绪。在叙事方面,电子游戏令孩子仿佛身临其境,其滋养心灵的作用至少不亚于古希腊戏剧。

因为上述原因,我们建议您支持孩子,当他/她成功通关了以后,请与他/她共同庆祝胜利。

只有这样,孩子才能弥补自己为了完成家庭作业所失去的时光。

我们相信,孩子会得到您的理解和支持,在此我们向您致以诚挚的祝福。

皮埃尔·多米尼格和托马索

✓ 任务完成!

任务价值
（从1~10选择一个数字打分）

勇气：..............
好奇心：............
细心：..............
创造力：............
开心程度：..........

你会记住什么？

手指的酸痛、眼睛的干涩、用尽最后一点生命值以后仿佛心脏被挖去一块的难过，以及最后通关时，成为世界之王的成就感。

任务 37

制作一个可爱的怪物

可能大多数人都害怕怪物，但也有人喜欢怪物。其中一些怪物可怕极了，比如藏在床底下的那种。另外一些则是比较可爱的，还有点儿让人发笑。如果你像我们大家一样，害怕怪物，但又对怪物很着迷，那么了解它们的一个更好的办法就是完成这项任务，自己制作一个怪物。

怎么制作怪物呢？光靠想象可不够。你可以用很多涂黑的纸盒制作出一个怪物来，也可以将树枝缠绕在一起，挂在你的小屋门外——这样，它就是一个怪物看守了。你还可以捡一些奇形怪状的石头，用颜料在上面画出怪物的脸。

或者你也可以雕刻出一个怪

物来。还可以用橡皮泥捏一个，不过你需要去商店买橡皮泥。

如果你不想买橡皮泥，也可以用面来捏，一杯水、少量盐、一杯面粉、一小勺乳白胶，以及一小勺油——把这些东西揉搓均匀，最后就得到了非常容易捏成各种形状的材料，风干以后，就不会瘫下来，会一直保持硬挺。

这项任务的重点在于创造一个非常有性格的怪物，值得一提的是，作品一经完成，你就得给它取个名字。而且，你要赋予它一个职责，比如让它保护你，或者守卫你的秘密小屋和宝贝。

在开始制作怪物前就好好想一想这些问题吧——因为一旦制作出来了，它的"生命"就开始了，它会有许许多多的问题要问你呢。

我是弗兰克

✓ 任务完成!

把你制作的怪物画出来吧

任务价值
（从1~10选择一个数字打分）

勇气：............

好奇心：............

细心：............

创造力：............

开心程度：..........

你会记住什么？

一个崭新的事物在你的手中诞生的感觉，它的诞生只归功于你一个人。

发明一款魔法药水

蜗牛的黏液、洗洁精、白砂糖、泥土中的蚯蚓……任何东西都可能被用来发明一款散发着刺鼻气味的溶液。

如果你能发明出一款魔法药水,你会怎么做呢?是色彩鲜艳、香气扑鼻,还是散发着恶臭,令人无法呼吸?你会选择什么东西来调配呢?最重要的是,它会具有什么样的魔力呢?

找来一只烧杯(或者一只大玻璃杯也行,只要能放下所有你需要的东西就可以),在里面加入你的魔法药水。搅拌均匀,然后让你的朋友们闻一闻,让他们猜猜你都用了哪些配料。在这里要强调一下:只需要让他们闻一闻就可以了(你也会看到,这样就已经可以了)。

✓ 任务完成!

你的魔法药水的秘密配方:

任务价值
（从1~10选择一个数字打分）

勇气：..............
好奇心：............
细心：..............
创造力：............
开心程度：..........

你会记住什么?

奇怪的气味、随着每一种配料的加入药水颜色的变化、恶心的感觉，以及让人喘不上气来的捧腹大笑。

任务 39

编写一个故事

人类需要故事，就像需要水和食物一样，但是要编一个故事可不是那么容易的。

编故事并没有固定的规则，不过我们可以试着给你一些建议。

首先你要有一个主人公。这个人应该很有趣，还应该很特别。比如阿喀琉斯，他是一位半神，几乎坚不可摧。可正是这个"几乎"成为了令他不完美的弱点。吉卜林小说中的主人公基姆是一个既可怜又无知的孤儿，但是他非常机敏，才得以在印度市集中生存。

你的主人公可以很平凡，没有什么特殊的闪光点，但是在他/她身上必须得发生点儿什么怪事，这件怪事改变了他/她的生活，比如中彩票啦，或者遇到令他/她怦然心动的人之类的事情。

接下来就是找到这件特殊的事情。它可以是一个难以解决的问题，或者是一项艰巨无比的任务，要有非常高超的技巧才能解决。

在赫拉克勒斯的"12项不可能的任务"中，有一项是在一天之内打扫完奥格阿斯的牛棚。这对于像他这样一个五大三粗的人来说简直是不可能完成的事情。但是赫拉克勒斯却在牛棚之间挖出一条沟渠，将河水引进来，流经牛棚，带走了所有的牛粪。归根结底，故事，就是让读者看到主人公是如何解决他们的问题的。

如果你正在努力地完成这项任务，开始时没有灵感请不要灰心，这很正常。你需要心无旁骛、绞尽脑汁地去思考。

等你写完了故事以后，请把它放在抽屉里等一个星期。尽量把它忘了，想点儿别的事儿。然后再拿出来读，你就会觉得好像是另一个人写的一样。你也可能会发现文中有一些错误需要改正。等你把所有的地方都整理好了——一定要等到这个时候，就可以把它拿给别人看了。或者你也可以把它发表在任务35中的小报上。

✓ 任务完成！

任务价值
（从1~10选择一个数字打分）

勇气：............
好奇心：..........
细心：............
创造力：..........
开心程度：........

你会记住什么？

对于白纸的恐惧；反复思索、举棋不定、灵光乍现；以及等待第一条评论时的紧张感。

任务 40

写一封信

自从有了网络，纸质信件就越来越少了。不过，收到一封朋友的手写信仍是一件再美好不过的事情。拆信的时刻令人心潮澎湃，就像是打开了一份宝藏，里面藏着梦幻与神秘的宝贝。

除了手写信以外，里面还可能会有一些剪报、照片、图画之类的东西。这些都是纸做的，或者是用非常薄的东西做的，因此才能很轻松地塞进信封邮寄出来。那么，你为什么不试试呢？你有没有朋友住在远方？有没有某个你知道住址却从来不知道怎么联系的人？

给他/她写一封美好的信吧，记得加上缤纷多彩的内容。在信中说说你自己，讲讲你的近况，也可以在信里写写关于这本书的事情，讲讲你在阅读这本书的过程中有过哪些难忘的经历。你也可以夹上你画的画儿、公共汽车的车票、糖果的包装纸，或者你自己创作的漫画小故事。在信的最后，可以附上你自己的照片。每一份精心准备的心意都能让你的信更加令人难忘、更加珍贵难得。

如果你有住在外国的朋友就更好了——邮递的过程会让这件事变得非常有趣。试着让他/她也以相同的方式写封回信吧。

等你接到回信时，才算完成了这项任务。

你不知道该写点儿什么吗？那么，为什么不给你心仪的男孩/女孩写一封"情书"呢？

这项任务唯一的要求就是将信寄出去，而不是用手交给对方——这样，对方就会更加惊喜了。

✓ 任务完成！

任务价值
（从1～10选择一个数字打分）

勇气：..............
好奇心：..............
细心：..............
创造力：..............
开心程度：..............

你会记住什么？

思想跃然纸上，情感转换成了语言，传达给了收信人。

任务 41

淋一场大雨

天空低垂，乌云蔽日，风起云涌，令人畏惧。震耳欲聋的雷声，让你觉得自己弱小而无力。

对暴风雨的恐惧，就像是我们内心中无法对人倾吐的秘密，可正是同样的恐惧，也深藏于我们那几百年、上千年，甚至数十万年前的祖先们的心中。这是一种根植于我们内心深处的情感，远古时代人类曾将闪电幻想为天神们（比如宙斯）发出的攻击，将雷鸣幻想为神锤（北欧神话中的雷神托尔就有这样一把能砸碎大山的锤子）发出的声响。

但是，要削弱我们内心的恐惧，总还是有一些办法的。

我们可以直面雷雨。

我们可以选择在倾盆大雨直

泻而下时，依然留在室外，与令我们害怕的东西面对面。

然后你会发现，暴风雨其实是非常美的。从天而降的雨点拍打着脸颊，雨水从发梢流淌下来，衣服湿透变沉，这些感受棒极了。

我们可以跟暴雨做朋友，体会它近在咫尺的感受，想象自己就像它一样，在心中也充满了能量，要通过倾盆大雨和电闪雷鸣去释放。

✓ 任务完成！

我淋雨时穿的衣服拧出的水桶里的水能达到这个高度（在图上画出表示高度的线）：

任务价值
（从1~10选择一个数字打分）

勇气：．．．．．．．．．．．．
好奇心：．．．．．．．．．．
细心：．．．．．．．．．．．．
创造力：．．．．．．．．．．
开心程度：．．．．．．．．

你会记住什么？

摆脱恐惧的自由；完成了一件没有人做过的事情的成就感；冲进口中、眼中和心中的雨水。

任务 42

编制一份歌单

演奏乐器可不是一件容易的事,而且也并非每个人都有音乐细胞。不过,听音乐就没那么难了。找来一张音乐专辑,闭上眼睛,沉浸在美妙的乐曲中,你会想到什么?你脑中会浮现出什么样的画面?是你熟知的日常世界,还是等着你去探索的遥远的未知世界?那样的未知世界在哪里?在乐器中,在音乐中,还是在你心中?

这些问题都很重要,因为音乐能对你的人生产生很大的影响。音乐会让你从悲伤走向快乐,也能帮助你在清晨从睡梦中苏醒。比如,对于阿尔伯特·爱因斯坦来说,思考问题时必不可少的一样东西就是音乐。

要完成这项任务,你得编制出一份歌单。

选择一个主题,比如"十首关于旅行的歌"或者"十首吉他独奏曲目",请你根据自己的品位和喜好来决定。然后你来选歌,逐首品评。这些歌曲应该有一些共性,能够和谐地放在一起。当然,曲目的排列顺序也很重要。

最后,请与你的伙伴们分享你编制的歌单,也可以把它分享到任务35中的博客上去。

你的听众觉得如何?有没有提出加入其他曲目的建议?有没有替换其他曲目的想法?是出于什么原因呢?

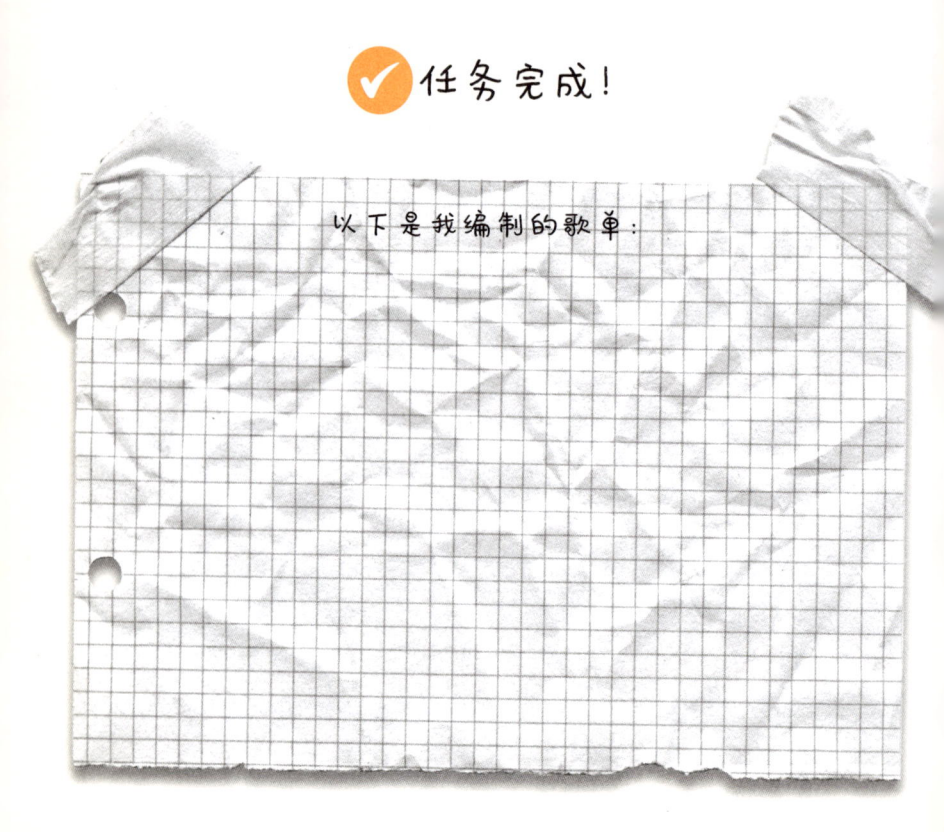

✅ **任务完成!**

以下是我编制的歌单:

任务价值
（从1~10选择一个数字打分）

勇气：..............
好奇心：............
细心：.............
创造力：...........
开心程度：.........

你会记住什么？

拨动了你的心弦、沸腾了你的血液、为你注入了活力的旋律。

任务 43

组织一场戏剧演出

如果你是苏格兰国王,你会感觉如何?如果你是宙斯的儿子太阳神阿波罗,你会怎么做?如果你胖得不得了,或者像个小矮人那么矮,你怎么走路?如果你不是人,而是一只龙、一个巨人或者一只鸟呢?

有故事场景的戏剧能回答所有问题。

要完成这项任务,你要组织一场戏剧演出。它可以仅由一个人来演,这样的剧叫作独角戏,你也可以召集所有的朋友一块儿来演出一个更加复杂的故事(这样的经历就更有趣了)。

你可以自己编一个故事(像任务39那样),也可以将真人真事搬上舞台(可以从任务33中汲取灵感),或者将你喜欢的一本书中的故事演绎出来。

这并不是一场即兴演出。所以需要做以下准备:

1. 撰写剧本,也就是对舞台场景、人物语言等进行逐一描述。
2. 准备戏服(挑选、寻找,为每一个人物试装)。
3. 画出场景(用一张大大的纸,或者一张旧床单,在上面画出故事发生的场景,如:骑士冒险故事中的一座城堡、精灵与矮仙故事中的一片树林等)。
4. 选择配乐。
5. 将台词背诵下来。
6. 找一个排演场地。
7. 上述这些都准备好之后,就可以安排上演了——找一处场地布置场景,为观众找来椅子或垫子,将背景(图画纸或者床单)固定在舞台后面,再找一位音效师,以保证在合适的时间播放合适的乐曲。

如果你足够努力,相信你一定能打动你的观众。而且当掌声响起来的时候,就连你自己也会被打动。

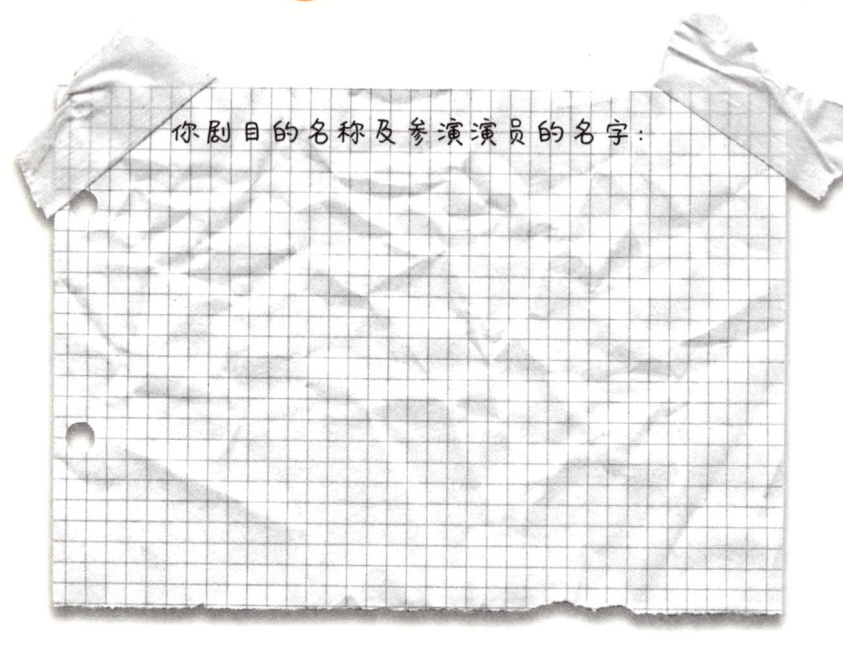

✓ **任务完成!**

你剧目的名称及参演演员的名字:

任务价值
(从1~10选择一个数字打分)

勇气：............
好奇心：...........
细心：............
创造力：...........
开心程度：.........

你会记住什么？

反反复复的排演、对舞台的恐惧感、忘掉的台词、压力、赞许的目光、你与其他演员共同的恐惧感，以及演出结束后雷鸣般的掌声。

任务 44

【需要大人在场】

做面包（然后吃掉）

烹饪时间到！你有没有烹饪的经历？不，削苹果可不算。对，做面包才算是名副其实的烹饪。有的人甚至把做面包看成是一种艺术呢。

那么，你为什么不试试呢？这是一件很简单、很有趣的事情，而且是一件非常重要的事情。

其实，在地中海沿岸的国家和地区，面包是人们最主要的一种食物。自古以来，面包在我们的餐桌上始终占有不可或缺的地位，早在古希腊时代，人们曾认为面包是神的食物。古罗马人也把面包视为必不可少的食物，他们甚至创造出来一个词，统称那些可以用来夹在面包里吃的东西——"面包填料"（companatico），也就是"填面包的料"。

配方

请准备以下材料：
- 水300毫升。
- 新鲜的啤酒酵母12克（也可以用12克酵母粉代替）。
- 0号白面粉250克。
- 高筋面粉250克。
- 橄榄油50毫升。
- 盐10克。
- 一点点白糖。

在一个大碗里倒入酵母和50毫升常温水，然后加入一点白糖。如果用的是新鲜酵母，就能泛起漂亮的白色泡沫。

将两种面粉分别过筛到一块面板上——最后形成一堆，在中间留一个凹口，使面粉堆看上去就像一座火山。

将大碗中的水和酵母倒入"火山口"，然后用一些面粉盖在上面。将剩下的水与橄榄油和盐搅拌在一起。然后将混合后的溶液也倒入面粉堆。

下面就进入了最难的环节——揉面。

揉面需要花很多力气——挤压、折叠、转动、翻面。一直这样持续十多分钟，一直到面团变得结实又有弹性，而且不再是黏糊糊的了。如果还黏，那就用手再撒上一些面粉，再继续揉一会儿。

现在，面团需要发酵一会儿——将它放在一个大碗里，在上面覆盖一层保鲜膜，然后静置几个小时。

等面团差不多变成原来的两倍大时，就将它放在铺了烤箱纸的烤盘上。这个时候，你就该为你的面包塑形了。你可以做一个

圆面包,中间用小刀切出一个十字花,或者把它做成长条形的,就像长面包或者法棍那样。

让面包再继续发酵一个小时左右,等它的大小再次变成之前的两倍。

开启烤箱,将温度调至200℃。将面包放进烤箱,烘焙大约15分钟,一直到表皮变成金黄色,然后关掉烤箱。祝你好胃口!

✓ 任务完成!

任务价值
(从1~10选择一个数字打分)

勇气:..............
好奇心:............
细心:..............
创造力:............
开心程度:..........

你会记住什么?

沾了面粉的黏黏的双手;慢慢变化的面团;烘焙时暖烘烘的氛围;四处弥漫的香气;咬下第一口时的兴奋——那可是你自己做的面包呀。

任务 45

沙滩大冒险

这是一个满是沙子的世界。洁白、细软的沙滩，金色的沙丘，仿佛塞着棉花般柔软的海岸……你简直太幸运了，因为你要完成这项任务最需要的东西正是沙子——这是一项特殊的任务——双重任务。

堆一座沙堡

要堆沙堡，唯一一样必须有的东西就是沙子。当然，小桶和铲子都能助你一臂之力，但是没有什么比双手和丰富的想象力更有用的了。堆沙堡光是垒城墙可不够，还要加上有雉堞的塔楼、吊桥、射弹孔等。

想要节省时间的小窍门儿？用湿沙子——湿沙子更容易造型。

泡一个沙浴

在沙滩上挖一个大坑，大得足够你躺进去。跳进去，然后用沙子把自己盖住。只把头露在外面——注意避开阳光，就这样休息片刻。

暖暖的沙子成了一张暖和的大被子。等你休息够了，可以像"僵尸"一样，一点儿一点儿地从沙子里爬出来。

如果你帮忙把伙伴埋进沙子里，也算是完成了这项任务。

✓ 任务完成！

任务价值
（从1~10选择一个数字打分）

勇气：..............
好奇心：..........
细心：.............
创造力：..........
开心程度：........

你会记住什么？

满身的沙子；跳进海里让海水冲刷掉细小的沙子，而不久沙子又将重新沾得满身都是；被潮水带走的坚不可摧的沙堡。

任务 46

进行一场弹球比赛

有些杂货铺、报摊和玩具店里，至今仍然在卖可以在沙地上玩儿的弹球。这些塑料弹球又大又轻（玻璃弹球不行），用手指轻轻一推就能向前滚动。

要画出弹球的范围，你可以找一位比较瘦小的朋友坐在沙地上。然后，你抓住他的手腕，拖着他，利用他的屁股在沙地上画出一个大大的"8"，这就是弹球的轨道。

大家一个接一个地玩儿，每个人都可以用手弹一下，让弹球向前滚动。谁的弹球在最前面，谁就可以先弹，谁的弹球出了界，就得把弹球放回弹出的地方。谁的弹球先走完一圈，谁就获胜（如果有人打成了平手，那么谁的弹球在前面谁就获胜）。

✓ 任务完成！

任务价值
（从1~10选择一个数字打分）

勇气：...........
好奇心：..........
细心：...........
创造力：..........
开心程度：........

你会记住什么？

指甲缝里（或者如果你是画比赛轨道的人，你的衣服里也会有）藏着的沙子；选手们弹出完美一击时兴奋的尖叫；将额头的汗水晒干的太阳；还想再比一次的愿望。

任务 47

蒙着眼睛探索你居住的城市

你真的认识你的城市吗?闭上眼睛想象自己身处任意一条街道上。你能想出街上的商店、停放的车辆、路边的建筑吗?现在,试着向前走一走,沿着一条路线向前行进——或者是你平时上学时走的路线,或者是去体育馆所走的路线。你能记住每一个转角和每一个十字路口吗?

现在,咱们来尝试加大难度——你能想象出周围的声音吗?车辆发出的轰鸣声、行人说话的声音、远处工厂发出的噪声?那么气味呢?

几乎所有人都能记住一些去过的地方的样子,但是声音及其他感受却很容易从记忆中溜走。

这项任务的目的就是让你发

现城市还有你不了解的一面。你准备好了吗?

找一位你很信任——真的非常信任的朋友来帮助你。在出门前,用一条带子(深色的围巾或睡眠眼罩,或者能套在脑袋上的黑布袋,或者两个海盗眼罩也可以)蒙住眼睛。让朋友抓住你的手臂,指引你向前走,以免你跌进水池或者跌在电车的轨道上去,由他来决定你往哪边走。他可以走一条熟悉的街道,也可以探索一下这座城市中他不太熟悉的区域。

你不能用眼睛看,但是可以用耳朵听,可以去感受一下周围的温度、空气的流动,以及各种各样的气味。所有其他的感官都开始变得异常敏感。集中精力,你认出这些地方了吗?你意识到每天有多少被你忽略的、让你觉得习以为常的事物了吗?

✓ **任务完成!**

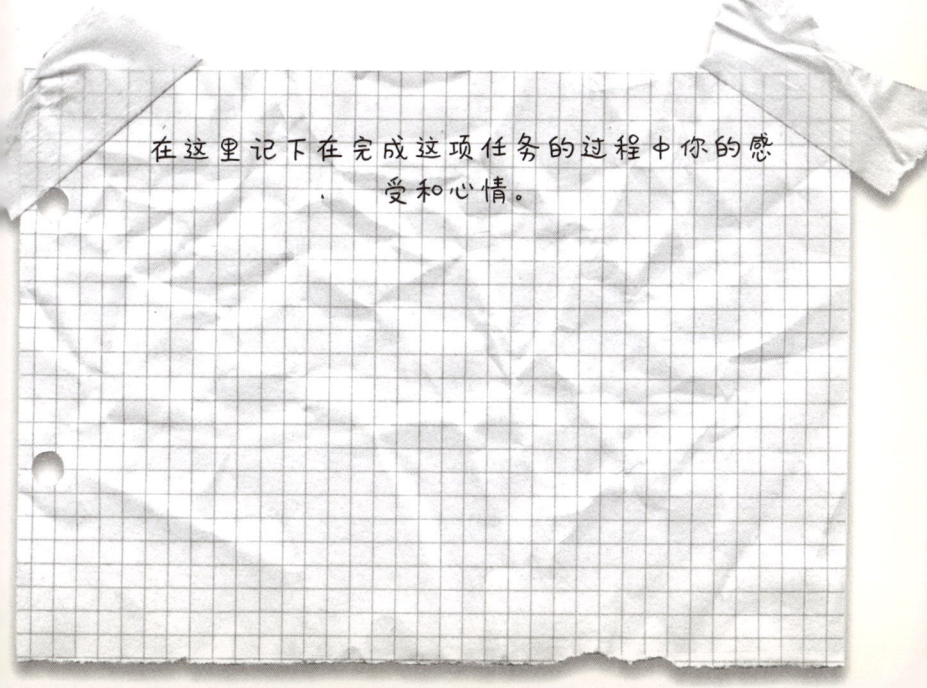

在这里记下在完成这项任务的过程中你的感受和心情。

任务价值
（从1~10选择一个数字打分）

勇气：..............
好奇心：............
细心：..............
创造力：............
开心程度：..........

你会记住什么？

你会发现新的事物和感受，发现这些地点你明明好像很熟悉，却……

任务 48

拆开（再组装上）一个玩具

我们周遭围绕着各种物品，这些物品都有一颗神秘的"心"，偷偷地操纵着机械秘密地运转。许多工程师设计出了手机、音响、电子游戏机，当然还有机器人等各种各样的玩具。

你有没有好奇过这些玩具都是怎么运转的，里面都有什么东西？好！好奇心正是冒险家、探险家，还有那些愿意发现新事物的人的重要特征。

找来一把螺丝刀，选一个你最好奇的玩具，把它拆开。

并非拆所有玩具都有意思。比如，我们不建议你拆电动玩具，一般来说，里面的构件都很复杂而且很枯燥。靠机械结构运转的、有杠杆和齿轮的玩具更适合拆卸。以前的玩具都是这样的。你可以找一辆金属小火车，像给钟表上发条那样，拧紧它的发条，然后把它放在地板上，它会轰隆轰隆地钻到沙发下面去。在这辆小火车里，有很多齿轮、杠杆和发条弹簧，这一切都会让自信满满的人睁大了眼睛，下定决心把它拆掉。

来吧，现在轮到你了。你会拆什么呢？主要的问题是：你能把它重新组装好吗？

✓ **任务完成！**

任务价值
（从1~10选择一个数字打分）

勇气：..........
好奇心：..........
细心：..........
创造力：..........
开心程度：..........

你会记住什么？

在探索机械运动和齿轮的过程中所感到的惊讶；对拆卸（和重新组装）玩具可以跟玩玩具一样有趣这一事实的发现。

任务 49

列出一份愿望清单

这是一项特殊的、困难的但是非常美好的任务，或许这项任务会比其他任务都令你感到兴奋。

要完成这项任务，你要在一张清单上列出10个愿望。其中包括你为自己或你爱的人许下的愿望。比如，你一直都梦想着乘坐飞机，那么就把这个愿望作为第一条写在清单上吧。你的父母很想要逃到荒岛上去待一会儿？这可以是第二条。你想让你最好的朋友永远陪伴在你左右？这是第三条。以此类推。要完成这项任务，你得实现这张清单上至少三个愿望，其他的就交给未来的你去完成吧。

这样，你会发现，做人生中最重要的事情远比看上去的要简单。

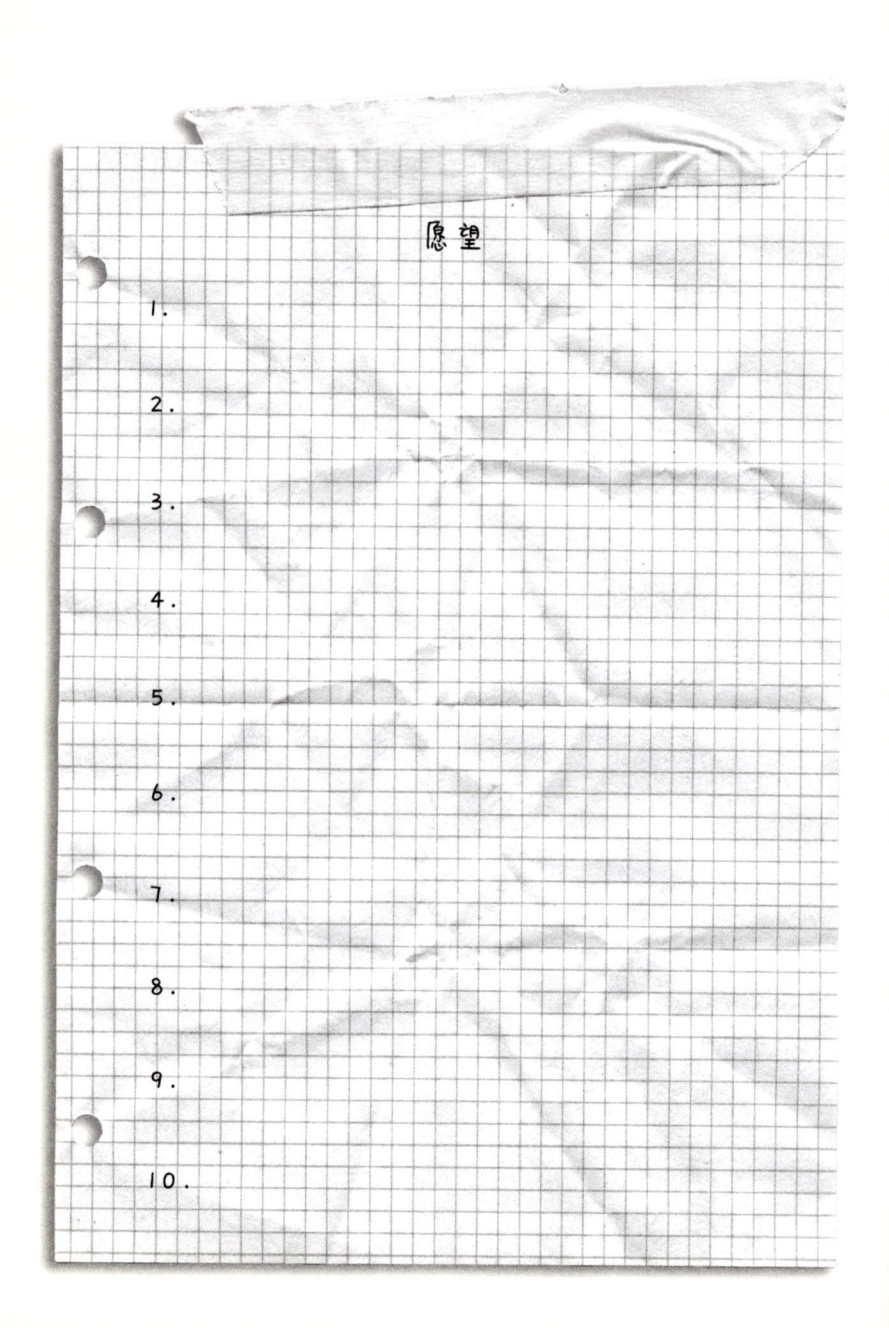

✅ **任务完成！**

愿望

1.

2.

3.

4.

5.

6.

7.

8.

9.

10.

任务价值
(从1~10选择一个数字打分)

勇气:............
好奇心:...........
细心:............
创造力:...........
开心程度:.........

你会记住什么?

只有你才知道。

任务 50

埋下一份宝藏

一般来说,冒险家都是去寻找宝藏的,但是从来没有人关注埋下宝藏的人。

因此,如果你想要完成这最后一项任务,就得准备一份宝藏,将它埋起来,然后画出神秘的藏宝图,这样,很久以后,就会有人拿着藏宝图去寻找宝藏了。

首先,你要选出要作为宝藏埋起来的东西。它应该是你用了很久的东西,对你来说十分珍贵。它可以是一把旧木梳,也可以是一些小人儿,或者你收集的弹球。你得舍弃一些现在对你来说不可替代的东西,如果是很多件物品就更好了。你也可以请朋友们在本子上为你写下赠言和签名。

在每一条赠言下写上日期——再次把它找出来时,你就能知道这是什么时候埋下的了。如果你完成了所有的任务,也可以将这本书当作宝藏埋起来。

在很多年以后,你就成了寻宝者。

等你找到了所有组成宝藏的物品以后,用一只宝箱把它们都装进去。对于宝箱来说,最好的材质是锡,因为锡能防水。不过,厨房里用来装食物和饮料的塑料和玻璃容器也可以。

宝箱就是你的时光胶囊——很多年以后你才会重新打开的东西。当你重新找到它时,你现在正在过的生活会在未来的你的脑中重新一一浮现。

现在,你得找个埋藏地点,一个你愿意将你的回忆交给它的地点。这个地点可以是一处秘密小角落,或者是花园里的一个小坑、奶奶家院子里的一角,又或者是车库或阁楼里一个不起眼儿的地方。

如果有必要,你得挖一个足够深的坑,将宝箱放到坑底,然后重新用土将它掩埋起来。

最后,画出你的藏宝图。你得在藏宝图上标注出参考点,写上必要的信息,这样才能据此重新找到宝藏。这份藏宝图应该能让你看得懂,但是不能让别人看得太明白。然后,把藏宝图也藏起来。把它藏在你的房间里当然是个不错的主意,但是你也可以将它寄给一位朋友,拜托他为你保管几年——或许是十年、二十年。

等你要重新寻找宝藏的时候,它就真正是你的宝藏了。

✓ 任务完成！

任务价值
（从1~10选择一个数字打分）

勇气：..............
好奇心：............
细心：..............
创造力：............
开心程度：..........

你会记住什么？

为了埋藏宝藏做调查时的兜兜转转；执行绝密任务时激动的心情；谨慎地选择宝藏和（如果一切顺利的话）藏宝地点的过程。

附录 A

抽签

你正乘坐一艘科考船出海。一条巨型鱿鱼从深邃的海底浮上了海面，要袭击你乘坐的航船。现在，要选出几名船员，拿上鱼叉，去甲板上对巨型鱿鱼进行反击。船长紧锁着眉头，用那犹如漩涡之心般的黑眼珠凝视了你好一会儿。

"你……"他说，声音低沉，却令人心惊胆战，"你说，咱们用什么方式选出去反击的人？"

船长的问题也是很多孩子想问的问题。他们无论是踢足球、打迷你高尔夫球还是打网球，都需要决定由谁来开球、谁第一个将球拿在手里、击球或选择场地。

为了公平地选出这个拉开比赛序幕的人，大家需要一套随机选择的办法，才能让所有人都认可。

究竟采取哪种办法，取决于参加抽签的人数。

两名抽签者

如果你们只有两个人，那么就可以用"猜单双"的方法。将一只手握拳，然后选"单"或"双"，两人的选择必须是相反的。然后，一边说"乒——乓——乒"或"一——二——三"，一边跟着节奏左右摆动握拳的手。等到说出最后一个字时，就打开手，用手指比出一个数字。将两人比出的数字相加，看看结果是单还是双。谁猜对了，谁就胜出。

如果有硬币，你们也可以"猜正背"。像前一种方法一样，先选"正"或"背"，作为对结果的猜测。你们中的一个人要用一只手将硬币弹向空中，翻转后落在另一只手的手背上。

这种方法早在古罗马时代就已经被广泛使用了，后来传遍了全世界——英国人会玩"猜头尾",德国人会玩"猜头数",浪漫的爱尔兰人则玩"猜头琴"。而在墨西哥,这个玛雅文明和阿特兹文明曾繁盛一时的地方,人们会玩"猜神鹰或太阳"。古希腊人不太在意钱,更重视哲学思想,他们会将贝壳一面涂黑来玩这个游戏,叫作"猜昼夜"。

三个及以上的抽签者

假如你们有五个人,却只能选择一位幸运儿,那该怎么办呢?

你们可以摘些草茎,有几个人就摘几根。野草的茎就很好——这些草茎最好一般长,只有一根稍微短一些。将这些草茎握在手里,上端平齐,让大家无法得知哪根长哪根短,然后每个人都抽取一根草茎,谁抽到了最短的那根,谁就胜出。

如果你们在室内,附近没有草,怎么办?那么就找些火柴来,将其中一根点燃,然后迅速熄灭。接着就像握草茎那样,将火柴也握在手里,火柴头朝下,藏起来。谁抽到了那根被烧过的火柴,谁就胜出。

骰子和扑克也可以用来抽签。骰子主要看谁抛出的点数最大,如果点数一样就重新抛。扑克的玩法也一样,谁抽到的数字大谁就胜出("A"算成"1")。

比赛规则

当你身处集体中时,要知道"集体"就是"与他人聚集为一体"的意思,我们要遵守集体的规则,要有集体荣誉感,要团结一心。

我们必须永远遵守我们之间许下的诺言。

如果我们为了赢得胜利,要背叛、毁约,甚至"忘了"比赛规则,那么就不再会有人想跟我们玩儿了。

我们得向骑士学习——那些在古代最令人畏惧、最令人尊敬的战士。他们紧握武器,骑在马上。但他们弹琴的水平跟用剑的水平一样高。

他们非常慷慨诚实,深受友

人们爱戴。

他们非常冷酷无情，深受敌人们畏惧。

比赛的时候，所有的选手都应该像骑士那样，投入地战斗，但也要严格遵守规则。否则，大家就无法真正享受比赛。

而且，只有更厉害、更勇敢的人，才懂得绝不应该通过非正规手段获得胜利。

暂停比赛

在足球比赛中，裁判会吹哨子提醒大家比赛暂停。

在很多比赛中都有同一个表示"暂停"的词，那就是"拳头"，一边高喊着这个词，一边举起一只拳头。谁都可以这样做。试想，你正在世界上最危险的地方与伙伴们捉迷藏——那是一片热带雨林，到处都是猴子强盗、毒蜘蛛及蟒蛇。此时，一位小伙伴要爬上石头却磕破了膝盖。比赛立刻暂停，要先帮助伤者。

如果你听到有人喊"拳头"，那么比赛就会暂停，不管在什么情况下，不管你正在做什么，都请停下来，在原地弄清楚发生了什么事。

惩罚

谁都有可能会输，真正享受比赛的秘诀之一，就是学会不那么在意输赢，无论结果如何都一笑而过。比赛结束后的惩罚也是为了这个目的——不是要把大伙儿分成"赢家"和"输家"，而是要让大伙儿凑在一块儿大笑一场，同时提醒彼此：今天的赢家可能会成为明天的输家，反之亦然。

惩罚的方式分"绅士式"（比如谁输了谁就请大家吃点心）和"疯狂式"。

下面为你提供几种可以参考的惩罚方式。

1. 变雕塑：像石头一样定在那里不动，坚持90秒，不许说话，不许摇晃，也不许眨眼。另一方的队长可以决定被惩罚人所做的姿势和坚持的时间。

2. 模仿公鸡的样子跳到一张凳子上。

3. 单腿蹦着绕大家转一圈。

4. 嘴里塞满干巴巴的饼干唱一首歌。

5. 让紧紧蒙着眼睛的小伙伴（用颜料、妈妈的口红或其他东西）把脸涂得花花绿绿的。

6. 大家唱歌时，表演一段舞蹈。

7. 双手背在后面，只用嘴巴捡起地上的手绢。

8. 倒着念获胜方队员的名字。

9. 将这本书顶在头上走模特步，保持平衡不让书掉下来。

10. 嘴里叼着面包棍或小木棍朗诵一首诗。

决定用什么方式惩罚输家的一个好办法是在比赛开始之前，所有参赛者都在一张小纸片上写好自己想到的惩罚方式，比赛结束后在这些纸片中随机抽取一张。

最经典的惩罚方式是"说、做、亲吻、写字、遗嘱"。

倒霉的受罚者要选择一种惩罚方式，然后由其他人来决定他具体怎么做。

比如：

1. 说：从"Z"开始倒着念字母表，只要念错一个就得重新来。

2. 做：鼓足劲儿学狼叫。

3. 亲吻：亲吻一名大家指定的队友。

4. 写字：由一个人在受罚者背上写字，然后由受罚者猜是什么字。

5. 遗嘱：这个最危险了！

大家会问受罚者:"你想要哪个数字啊?"这个可怜的家伙必须说出1~10中的一个数字。然后他会受到各种可能的惩罚——从拍背到亲吻,从轻轻摸一下到往后背洒水。

采取暴力或恶意的惩罚措施是不行的——不仅因为或早或晚总会轮到自己,还因为这样做的目的本就是为了博大家开心一笑,留住难忘的回忆。否则,惩罚就真的与比赛无关了。

本书结语

"Avdentura"（冒险）一词源自拉丁语"ad ventura"，意思是"即将发生的事"。我们不知道你完成了本书为你列出的全部50项任务之后会发生什么事，只有你自己知道。你觉得自己有所不同了吗？你还是原来的你吗？跟原来一模一样，还是哪些地方发生了变化？你玩儿得开心吗？如果你玩儿得开心，或许会想再来点儿新任务，去进行新的冒险。

我们希望是这样。

我们希望在你合上本书后，马上还会翻开另一本。或许，在那本新书中，还会有50个新任务等你去完成。然后再来50个，一直这样下去，你会不断地尝试，不断有所发现，不断有意想不到的经历，不断克服新的困难。而你，一直那么勇敢而坚定。

我们还希望，如果你觉得我们为你列出的这些任务并不好玩儿，也可以去找一些其他的任务来完成，甚至可以自己设计一些。

如果是这样的话，请你把你找到的和自己设计的任务都寄给我们，我们可以把任务分享给其他跟你一样的冒险家们。你可以把你的任务发到我们编辑部的邮箱：gengchb@phei.com.cn。

"冒险家"是一个有趣的词——如果你去查旧词典，会发现对这个词条的描述跟我们自己很像：

"指一些不循规蹈矩、不安分的人，经常具有一些典型的犯罪倾向，然而这个特点也经常使其具有不同寻常的想象力，有时则使其具有过人的智慧。他们不知疲倦地浪迹天涯，冒冒失失地左冲右突，在阴谋与权宜之中游走，同时又很慷慨、很幸运；他们一会儿穿上僧袍，一会儿又十分笃定地投入另一种信仰。几乎所有冒险家都留下了有趣的作品。"

我们觉得这段表述大部分都对，尤其是关于想象力的说法，但是犯罪倾向和频繁改变信仰的说法却不敢苟同。如今，对于我们来说，一个真正的冒险家就是那些不懈地追寻自己的理想、梦想、思想的人。一位叫维克多·雨果的大作家在很久以前曾经说过："我们就是我们思想的冒险家。"所以……现在轮到你了！

我们希望你一直忙着，非常忙碌。也许是忙着被狼群追赶，也许是忙着与巨龙战斗。

我们希望你几乎没有时间读书，因为你正在忙着建筑一座巨大的城堡，或是忙着侍弄那些张牙舞爪的植物，或是忙着去探索北极的冰海。

我们希望，无论你在做什么事情，也许是在跑，也许是在修东西、在思考、在创造，或者是在眺望，都能感到幸福，因为这是冒险的唯一目的。

这样，才能有一些神奇的事情，在你眼前突然发生，而且只在你的眼前发生。

皮埃尔多米尼格和托马索

笔记、图画及涂鸦

笔记、图画及涂鸦

笔记、图画及涂鸦

笔记、图画及涂鸦

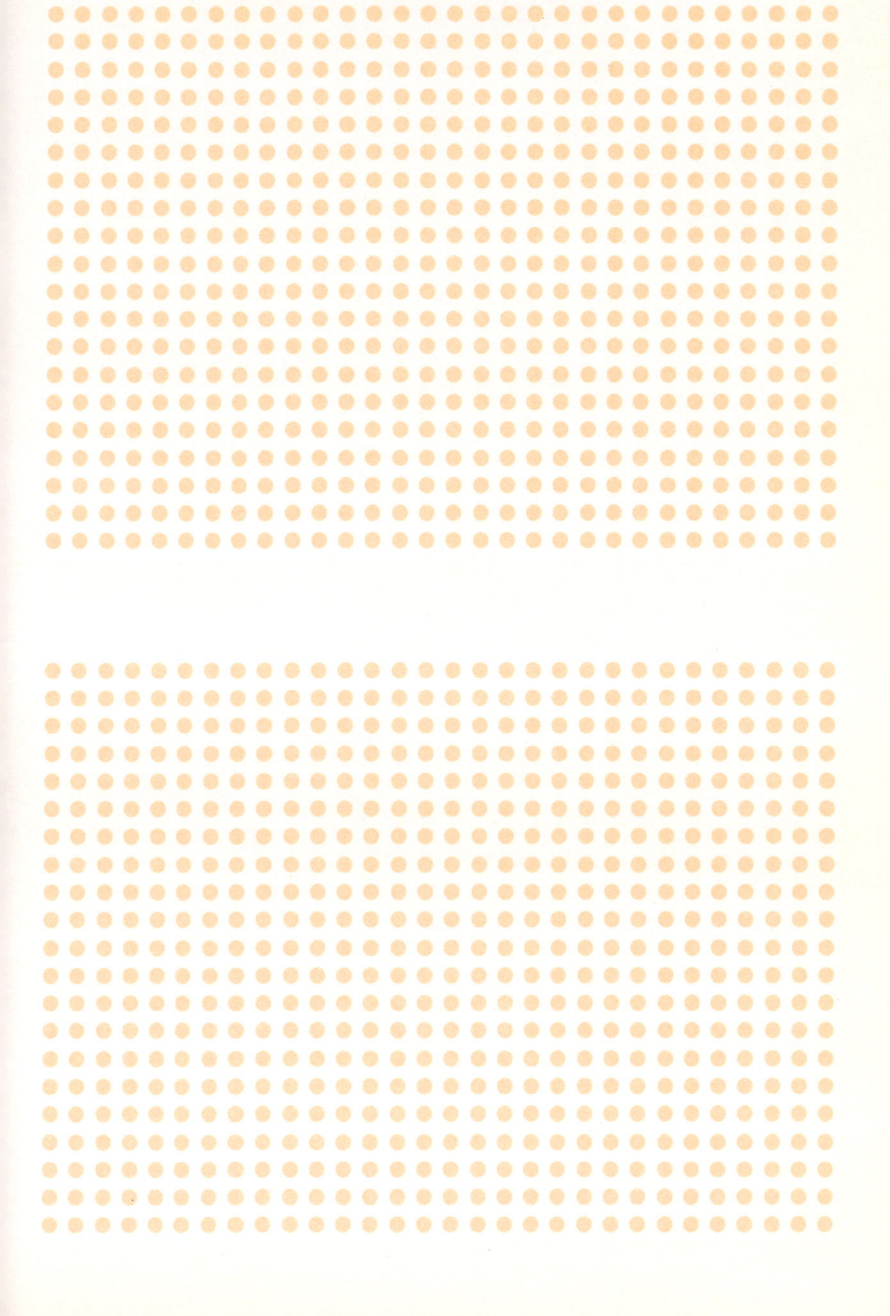

目　录

秘籍法则 5
冒险者协议 7
必备物品 9
50项任务 13
　任务 01　给至少7种不同的动物喂食 15
　任务 02　踩着滑板出行 18
　任务 03　在草地上踢足球 21
　任务 04　学会打5种绳结 25
　任务 05　放飞一只风筝 28
　任务 06　认出10种云朵的形状 30
　任务 07　组织一次寻宝游戏 32
　任务 08　吹出一个巨型肥皂泡 36
　任务 09　爬上一棵树 39
　任务 10　建一座树屋 42
　任务 11　在"危险"的地方睡一觉 44
　任务 12　观察星空 47
　任务 13　打造一根真正的徒步手杖 51
　任务 14　在伸手不见五指的黑夜中行走 54
　任务 15　观赏同一天的日出与日落 58
　任务 16　种一株植物 60
　任务 17　制作一把弹弓 63
　任务 18　在十步以外击中罐头 66
　任务 19　从很高的小山丘上骨碌下来 68
　任务 20　为至少三只野生动物拍照 71
　任务 21　在树林里追踪动物足迹 73
　任务 22　生一堆火 76
　任务 23　学会辨认蘑菇 79
　任务 24　堆一个雪人 82
　任务 25　造一座雪屋 84
　任务 26　乘着爬犁驰骋于冰天雪地 87

任务 27	打一场"大战"	89
任务 28	出发去寻找化石	93
任务 29	组建一支秘密小分队	96
任务 30	写一封密报	99
任务 31	跟踪一个朋友而不让对方察觉	102
任务 32	在一处神秘的废墟中探险	105
任务 33	模仿一位(已故的)名人	108
任务 34	用指南针和地图找到方向	111
任务 35	创办一份小报或博客	114
任务 36	把一款非常有难度的电子游戏打通关	117
任务 37	制作一个可爱的怪物	120
任务 38	发明一款魔法药水	123
任务 39	编写一个故事	125
任务 40	写一封信	128
任务 41	淋一场大雨	130
任务 42	编制一份歌单	133
任务 43	组织一场戏剧演出	136
任务 44	做面包(然后吃掉)	139
任务 45	沙滩大冒险	142
任务 46	进行一场弹球比赛	144
任务 47	蒙着眼睛探索你居住的城市	146
任务 48	拆开(再组装上)一个玩具	149
任务 49	列出一份愿望清单	151
任务 50	埋下一份宝藏	154

© 2016 Editrice Il Castoro – viale Andrea Doria 7 – 20124 Milano, Italy – www.castoro-on-line.it
© 2018 for this book in Simplified Chinese language - Publishing House of Electronics Industry
Published by arrangement with Atlantyca S.p.A.
Original Title: Il manuale delle 50 avventure da vivere prima dei 13 anni
Text by Pierdomenico Baccalario and Tommaso Percivale
Original cover and internal illustrations by AntonGionata Ferrari
Graphic layout: Dario Migneco / PEPE nymi – Art director: Stefano Rossetti
No part of this book may be stored, reproduced or transmitted in any form or by any means, electronic or mechanical, including photocopying, recording, or by any information storage and retrieval system, without written permission from the copyright holder. For information address to Atlantyca S.p.A., via Leopardi, 8 – 20123 Milano Italy; foreignrights@atlantyca.it - www.atlantyca.com

本书中文简体版专有出版权由Atlantyca S.p.A.授予电子工业出版社，未经许可，不得以任何方式复制或抄袭本书的任何部分。

版权贸易合同登记号　图字：01-2017-7898

图书在版编目（CIP）数据

100个勇敢者游戏. 生存冒险 /（意）皮埃尔多米尼格·巴卡拉里奥,（意）托马索·佩尔齐瓦莱著；（意）安东尼奥·法拉利绘；金佳音译. -- 北京：电子工业出版社，2018.10
ISBN 978-7-121-34377-3

Ⅰ.①1… Ⅱ.①皮… ②托… ③安… ④金… Ⅲ.①智力游戏—青少年读物 Ⅳ.①G898.2

中国版本图书馆CIP数据核字(2018)第122922号

策划编辑：耿春波
责任编辑：王树伟　　特约编辑：刘红涛
印　　刷：北京画中画印刷有限公司
装　　订：北京画中画印刷有限公司
出版发行：电子工业出版社
　　　　　北京市海淀区万寿路173信箱　邮编：100036
开　　本：880×1230　1/32　印张：5.5　字数：178.5千字
版　　次：2018年10月第1版
印　　次：2018年10月第1次印刷
定　　价：69.00元

凡所购买电子工业出版社图书有缺损问题，请向购买书店调换。若书店售缺，请与本社发行部联系，联系及邮购电话：（010）88254888，88258888。
质量投诉请发邮件至zlts@phei.com.cn，盗版侵权举报请发邮件至dbqq@phei.com.cn。
本书咨询联系方式：（010）88254161转1868，gengchb@phei.com.cn。